Lummer · Asyl

Heinrich Lummer

# Asyl

Ein mißbrauchtes Recht

Ullstein

Ullstein Report
Ullstein Buch Nr. 36606
im Verlag Ullstein GmbH,
Frankfurt/M. – Berlin

Originalausgabe


Umschlagentwurf: Hansbernd Lindemann
Gesamtherstellung: Ebner Ulm
Printed in Germany 1992
ISBN 3 548 36606-6

2. Auflage Oktober 1992
Gedruckt auf Papier mit
chlorfrei gebleichtem
Zellstoff

Die Deutsche Bibliothek –
CIP-Einheitsaufnahme

**Lummer, Heinrich:**
Asyl. Ein mißbrauchtes Recht/Heinrich
Lummer. – Orig.-Ausg., 2. Aufl. –
Frankfurt/M.; Berlin: Ullstein, 1992
(Ullstein-Buch; Nr. 36606:
Ullstein-Report)
ISBN 3 548 36606-6
NE: GT

# Inhalt


Vorwort 7

*Asyl – Idee und Niedergang eines Grundrechts* 9

Flüchtlingsland Deutschland – eine Übersicht 12
Deutsche Asylpolitik – zehn Jahre Scheinlösungen für Scheinasylanten 27
Ohne Abschiebung geht es nicht 45
Der Staat muß die Initiative zurückgewinnen 58

*Einwanderung – Alternative zum Asyl?* 61

Doppelt so viele Zuwanderer wie Australien und Kanada zusammen 63
Wenn schon Einwanderung, dann aus Europa 66

*Warum wir handeln müssen* 73

Das gelähmte Parlament – wie unser Asylrecht zum Richterrecht wurde 73
Das Angebot an eine unbegrenzte Zahl 91
Kultur – Multikultur – Multikonflikt 93
Tabu Ausländerkriminalität 101
Schmerzgrenze erreicht – was unser Asylsystem kostet 119
Unfähig zur Abschiebung 136

*Asyl – was ist zu tun?* 147

Anmerkungen 171

Anhang 181

Personenregister 189

# Vorwort

Man könnte meinen, zum Thema Asyl sei inzwischen genug geschrieben und geredet worden. Dies ist zwar richtig – nur hat die Politik leider noch nicht in ausreichendem Maße gehandelt. Hinter uns liegt ein Jahrzehnt, in dem es aus meiner Sicht darum ging, Mehrheiten für eine gründliche Änderung des Grundgesetzes zu finden, um eine Lösung des Problems zumindest in dem Umfange zu gewährleisten, wie es für den inneren Frieden in unserem Lande notwendig erscheint. Für die Bevölkerung war das kein Problem. Für Politiker und andere gesellschaftliche Kräfte offenbar doch.

Zehn Jahre hat man in dieser Frage am Volk vorbeiregiert. Zehn Jahre wurde die Bevölkerung über das wahre Ausmaß des Asylbetruges im unklaren gehalten. Jetzt ist die Debatte um eine Neuordnung des Asylrechts an einen entscheidenden Punkt gelangt. Es muß nun darum gehen, wirksame Lösungen zu finden, statt wiederum nur halbherzig an den Symptomen herumzukurieren.

Oft habe ich Juristen sagen hören, warum etwas nicht geht. Tatsächlich steht das Recht manchmal den Anforderungen des Lebens entgegen. Wenn aber das Recht dem Leben einer Nation entgegensteht, dann muß dieses Recht geändert werden – auch wenn es sich um Grundrechte handelt. Um diese Einsicht zu fördern, wurde das Buch geschrieben.

Danken möchte ich an dieser Stelle meinen Mitarbeitern Konrad Lang und insbesondere Robert Focken. Sie verwendeten viel Zeit und Mühe auf die Recherche von Sachverhalten und Zusammenhängen, die der Öffentlichkeit – teils mit Absicht – verschwiegen werden. Die Betreuung durch den Ullstein-Verlag war vorzüglich. Mein Dank gilt dem Cheflektor Hardcover des Ullstein-Verlages, Herrn Dr. Rainer Zitelmann, der dieses Buchprojekt angeregt und mit besonderem Engagement betreut hat.

Heinrich Lummer, Berlin im Juli 1992

# *Asyl – Idee und Niedergang eines Grundrechts*

Im Mai 1983 fand der Verwaltungsrichtertag in Berlin statt. Man diskutierte »Grenzfragen des Asylrechts und des allgemeinen Ausländerrechts«. In einem Diskussionsbeitrag machte ich als Innensenator folgende Bemerkungen zur Dauer der Verfahren und zu deren Auswirkungen:

> »Es gehört zum täglichen Brot der Ausländerbehörde und auch des Innensenators, Asylbewerber, nachdem sie zwischen zwei und acht Jahren in Berlin verweilt haben, ausweisen oder abschieben zu müssen. Das heißt also, daß sie mehrere Jahre hier sind. Sie haben hier gelebt, gearbeitet, geliebt und Kinder gekriegt. Die Kinder sind hier aufgewachsen, nicht im Heimatland. Die sind dann irgendwas zwischen zwei und sechs oder acht Jahre alt. Und dann muß ich diese Leute ausweisen. Das ist schrecklich. Aber es gibt gar keine andere Möglichkeit als dieses zu tun, wenn man das Problem nicht ins Überdimensionale ansteigen lassen will. Insofern ist der Zeitfaktor von eben schicksalhafter Bedeutung. Das heißt in dem Sinne: Die Verfahren müssen so kurz sein, daß derartige Situationen nicht zustande kommen. Und das muß einfach die Gesetzgebung, das müssen – meine ich – auch die Gerichte in ihrer Verantwortung sehen, daß jede Verlängerung und Verzögerung der Verfahren zu eben solchen unerträglichen menschlichen Schicksalen führt.
> Die andere Alternative wäre doch wohl die, Völkerwanderungen zu legitimieren. Dann werden eben alle Armen aus der ganzen Welt in die Bundesrepublik Deutschland kommen – nur dann gibt es die Bundesrepublik Deutschland eben nicht mehr. Das ist die Alternative, die sich stellt. Und dieses will ich nicht, weder für die

Bundesrepublik Deutschland noch für die Menschen, die hier wohnen, denn sie haben ein Recht darauf, als Deutsche in einem Land zu wohnen, das sie ihre Heimat nennen können. Und ich bitte einmal daran zu erinnern: Ein Mensch, der in Kreuzberg wohnt und nach einer gewissen Zeit feststellen muß: ›Kreuzberg ist türkisch, hier ist nicht mehr meine Heimat‹, der fühlt sich auch rausgeschmissen oder verdrängt. Oder kaputtgemacht in einem Recht, das ihm zusteht.
Das muß ein Politiker beachten, und deshalb kommt er zu dem Ergebnis, daß wir irgendwo zahlenmäßige Eingrenzungen vornehmen müssen. Grundrechte hin oder her – notfalls müssen sie eben mit einem Gesetzesvorbehalt versehen werden.«[1]

Die Quittung kam prompt. Die alternative TAZ fragte: »Innensenator ein Verfassungsfeind?« Der *Tagesspiegel* meinte: »Heinrich Lummer sprach wieder einmal schneller als er dachte.« Ein Verantwortungsträger im Rechtsstaat dürfe so nicht reden. Die SPD warf dem Innensenator ein gebrochenes Verhältnis zum demokratischen Rechtsstaat vor. Er habe die Kontrolle über seine »instinktiven Regungen« verloren.

Dabei konnte von instinktiven Regungen gar keine Rede sein. Vielmehr ging es um die Not einer Behörde, die mit dem Problem des Asylbewerberansturms fertig werden mußte. Das Grundgesetz setzt den Handlungsmöglichkeiten Grenzen, die eine Problemlösung fragwürdig, wenn nicht gar unmöglich machten. Damals gab es nur vereinzelte Stimmen, die für eine Grundgesetzänderung plädierten. Es waren Rufer in der Wüste. Sie wurden beschimpft und zurückgepfiffen. In keiner Partei wurde die Problematik in ihrer ganzen Bedeutung gesehen. Es mußte viel Zeit ins Land gehen, bis die Zahl derer wuchs, die eine Lösung des Problems ohne Grundgesetzänderung nicht für möglich halten. In dieser Zeit wurde unser Asylrecht hunderttausendfach mißbraucht. Denn es bleibt Mißbrauch, wenn dieses Recht als Einwanderungsinstrument benutzt wird. Es bleibt Mißbrauch, wenn es für touristische Zwecke verwendet wird. Es bleibt Mißbrauch, wenn man es benutzt, nur um beim deutschen Staat abzukassieren.

Und in dieser Zeit ist das Volk immer wieder hinters Licht geführt worden. Man glaubte, mit einfachen Verfahrensänderungen könne man das Problem lösen. Ein von vornherein unmögliches Unterfangen. Die Bürger wurden von Novelle zu Novelle vertröstet. Die Novellierungen entpuppten sich als unwirksamer Aktionismus. Ständig ist am Willen des Volkes vorbeiregiert worden – zehn Jahre lang.

Welcher Frust wäre dem Wähler und wieviel Geld dem Steuerzahler erspart worden, hätte man vor zehn Jahren das getan, was sachlich geboten war. Das Geld, das für Beamte und Angestellte in Sozialämtern, Ausländerbehörden und Gerichten benötigt wurde, wäre besser in den Herkunftsländern der Asylbewerber ausgegeben worden. Eine rechtzeitige Lösung des Problems hätte uns in einem höheren Maße den inneren Frieden bewahrt, eine Diskussion über Ausländerfeindlichkeit wäre kaum aufgekommen.

Das, was damals schon notwendig und sinnvoll war, wurde als unsinnig, töricht oder gar als ausgemachte Lumperei diskreditiert. Nachdem der Problemdruck und der Handlungszwang in den vergangenen Jahren immer größer geworden sind, fing man jüngst doch noch an, das Unmögliche zu denken – eine Änderung des Grundgesetzes.

In Wahrheit sind mit der Zuspitzung der Asylmisere und dem Verlauf der Diskussion keinerlei Überraschungen verbunden. Alles was kam, war vorhersehbar. Das Ausmaß der Katastrophe ist bekannt. Unverändert drängen Hunderttausende von Menschen aus aller Welt nach Deutschland. Die meisten werden nirgendwo verfolgt. Sie kommen, um im Wohlstandsparadies Deutschland ihr Plätzchen zu finden. Die den Deutschen unterstellte »Ausländerfeindlichkeit« scheint kaum jemanden abzuschrecken. Deutschland ist ein beliebtes Land gewesen und geblieben. Und wenn es so viele Asylbewerber und andere Ausländer gut finden, warum sollen wir schlecht von unserem eigenen Land reden?

Die Beliebtheit hat ihre Folgen. Viele Fragen verlangen nach einer Antwort: Wieviel kostet uns unsere Beliebtheit? Wen sollen wir noch alles aufnehmen? Wie lassen sich die Kosten reduzieren? Können wir der Einwanderung überhaupt noch Herr werden? Wie ist es um die »moralische Verpflichtung« zur Aufnahme von Teilen des »Weltflüchtlingsstromes« bestellt? Ist die multikulturelle Gesellschaft ein erstrebenswertes Ziel? Dieses Buch will versuchen, auf diese Fragen nüchterne Antworten zu geben, mit denen sich die Zukunft besser meistern läßt.

## Flüchtlingsland Deutschland – eine Übersicht

Wieviel ausländische Flüchtlinge in der Bundesrepublik leben, weiß niemand genau. Die Behörden haben die Übersicht verloren. Das Bundesinnenministerium schätzt nur noch. Nach diesen Schätzungen hielten sich Ende 1991 380000 Asylbewerber in Deutschland auf. 260000 von ihnen waren mit ihrem Asylverfahren noch beim Bundesamt für Asyl anhängig, 120000 – vom Bundesamt bereits abgelehnt – strengten Verfahren gegen ihre Ablehnung an. Die jüngsten von den Bundesländern mitgeteilten Asylbewerber-Bestandszahlen für 1991 sehen allerdings anders aus: Danach hielten sich Mitte 1991 bereits 421000 Asylbewerber in Deutschland auf, Ende des Jahres dürften es 450000 gewesen sein. Dazu kommen mittlerweile mehr als 100000 Asylanten. Die Zahl der Angehörigen von Asylberechtigten lag – geschätzt – bei 130000. Möglicherweise waren es auch doppelt so viel.

Vergleichsweise geringfügig nehmen sich daneben die 38000 Kontingent-Flüchtlinge aus, die im Rahmen humanitärer Hilfsaktionen aufgenommen worden sind, beispielsweise vietnamesiche Boat people. Darüber hinaus halten sich 28000 heimatlose Ausländer in der Bundesrepublik auf.

Das sind zusammen 746000 Menschen. Doch die größte Gruppe fehlt noch: die De-facto-Flüchtlinge. Eine Gruppe, die es eigentlich gar nicht geben sollte, weil sie nicht oder nicht mehr politisch verfolgt ist. Auf 520 000 schätzte das Innenministerium zum 31. Dezember 1991 die Zahl aller De-facto-Flüchtlinge. Sie sind zum Teil ehemalige Ostblockflüchtlinge, darunter allein 270 000 Polen. Aus den Asylbewerberströmen der letzten Jahre dürften ungefähr 200 000 abgelehnte Asylbewerber hinzugekommen sein, die aus humanitären oder sonstigen Gründen nicht abgeschoben werden. Zum Beispiel, weil in ihrer Heimat bürgerkriegsähnliche Zustände herrschen. Tamilen aus Sri Lanka, Afghanen und irakische Kurden wurden im ersten Halbjahr 1992 bundesweit geduldet. Nicht, weil es ein Grundgesetz oder eine Genfer Flüchtlingskonvention vorschreiben – nein, weil der deutsche Staat so nett ist, den Paragraphen 53 (Abschiebungshindernisse) des neugefaßten Ausländergesetzes zugunsten von Menschen aus Krisenregionen *auszulegen* und sie zu dulden.[2] Dazu später mehr.

Während die Zahl der politisch Verfolgten, derentwegen der ganze gigantische Aufwand betrieben wird, sich jährlich nur um 10 000 bis 15 000 Menschen vermehrt[3], wächst die Gruppe der De-facto-Flüchtlinge mit doppelter und dreifacher Geschwindigkeit an. Ein Erfahrungswert der letzten Jahre zeigt, daß 30 bis 40 Prozent der vom Bundesamt abgelehnten Asylbewerber – das waren im Jahr 1991 129 000 – letztlich geduldet werden oder aber untertauchen. Sie schlagen sich zu Verwandten in Deutschland durch oder tauchen als »soeben eingereiste« Asylbewerber in einem anderen Landesteil wieder auf. Die Zahl der De-facto-Flüchtlinge wird in Zukunft sogar noch schneller als früher anwachsen, da das Anfang 1991 in Kraft getretene neue Ausländergesetz den Ehegattennachzug zu Geduldeten erlaubt, die eine Aufenthaltsbefugnis haben. Rechnen wir sämtliche Flüchtlingsgruppen zusammen, kommen wir auf die Summe von etwa 1 270 000 Flüchtlingen im Dezember 1991 in Deutschland.

Während wir mit der Unterbringung von knapp 1,3 Millionen Flüchtlingen den europäischen Rekord halten, sind wir mit unseren Aufwendungen für sie sogar Weltmeister: Ungefähr sechs Milliarden Mark gaben Bund, Länder und Gemeinden 1991 für ausländische Flüchtlinge aus. Knapp fünf Milliarden dürften allein die 450 000 Asylbewerber gekostet haben. Kein Land der Welt läßt sich Flüchtlinge, und schon gar nicht Wirtschaftsflüchtlinge, annähernd soviel kosten. Schließlich glaubt man im Ausland, daß politisches Asyl zunächst einmal dem Schutz von Leben und Gesundheit des Verfolgten dienen soll und weniger seiner materiellen Beglückung.

Eben das erfuhren die deutschen Emigranten der Jahre 1933 bis 1945. Wer sich nach Paris, nach London geflüchtet hatte, war dort zunächst in Sicherheit – und arm. Vom Staat gab es weder Wohnung noch Kleider noch sonstige Geschenke. Wer in die USA reisen wollte, mußte eine finanzielle Bürgschaft vorweisen können – oder wurde mit der Begründung abgelehnt, der öffentlichen Hand zur Last zu fallen.

Kurioserweise wird die Asylgewährung für Verfolgte des NS-Regimes immer wieder als Begründung angeführt, warum Deutschland eine »besondere Verantwortung« für die Aufnahme politischer Flüchtlinge habe. Solch eine Verantwortung aber hat jedes zivilisierte Land, das etwas auf sich hält! Und wenn wir es bei der Aufnahme politisch Verfolgter beließen, wäre der Ansturm von Asyltouristen nicht so groß. Doch wir ziehen es vor, jedweden »Flüchtling« nicht nur aufzunehmen, sondern ihm auch noch zu bundesrepublikanischem Wohlstandsniveau zu verhelfen. Der gewaltige Andrang hat seinen erkennbaren ökonomischen Grund.

Sechs Milliarden Mark sind auch in ausgabefreudigen Wiedervereinigungs-Jahren kein Pappenstiel. Nur wenig mehr, nämlich 7,9 Milliarden Mark, gab Bonn 1991 für Entwicklungshilfe aus. Diese soll, wohlgemerkt, einigen Millionen Menschen helfen und nicht einigen Hunderttausend. Entwicklungshilfegelder werden unter anderem in Programme investiert, die den Armen in den Ländern der »Dritten Welt« Perspektiven vermitteln sollen. Das »Asylbudget« hingegen wird für die Wohlhabenderen aufgewendet, die sich Flugtickets und bis zu 5000 Mark teure Schlepper leisten können. Wie das Innenministerium mitteilt, werden die Schulden teilweise von Sozialhilfebezügen nach Erreichen Deutschlands abgestottert.

Wo bleiben die sechs Milliarden Mark? Das Geld geht in die Sozialhilfe, in Wohnheimmieten, in Behördenvorgänge.[4] Und, last but not least, in Autos und andere Konsumgüter, die sich Asylbewerber im Laufe der Zeit zusammensparen.[5] Zu Hause sichert der Wagen dann als Taxi den Lebensunterhalt. Man stelle sich vor, was für eine Reklame solche Taxifahrer für Deutschland machen: Wandelnde Lautsprecher, die für einen Selbstbedienungsladen namens Bundesrepublik Deutschland werben. Wer sich nicht gleich im Laden niederlassen darf, der kann wenigstens Vorräte für die Zukunft einsacken. Das deutsche Asylverfahren: Beschäftigungspolitik für Schlepper und Wirtschaftsflüchtlinge. Die deutsche Asylpolitik: Seit mehr als einem Jahrzehnt eine Einladung zum Mißbrauch.

## *Gründe für eine Neuordnung des deutschen Asylrechts*

Das deutsche Asylrecht ist lapidar geregelt und einzigartig in der Welt. Die besonderen Probleme, die wir mit dem Asylbewerberstrom haben, entspringen weitgehend dem Sonderweg, den die Bundesrepublik Deutschland in dieser Frage gegangen ist. Das deutsche Asylrecht entstand zu einer Zeit, da Deutschland in Trümmern lag und keinen Anziehungspunkt für Wirtschaftsflüchtlinge darstellte.

Als das sogenannte Wirtschaftswunder einsetzte und die Bundesrepublik über mehr Arbeitsplätze als Arbeitskräfte verfügte, wurde die Problematik verdrängt, weil viele Ausländer im Rahmen von Anwerbemaßnahmen nach Deutschland kamen. Bezeichnenderweise wurde das Asylrecht schon damals vorwiegend von Personen aus solchen Ländern in Anspruch genommen, mit denen die Bundesrepublik Deutschland keinen Anwerbevertrag abgeschlossen hatte, beispielsweise Jugoslawien. Das Problem wurde insofern erst relevant, nachdem die Bundesregierung infolge beginnender und wachsender Arbeitslosigkeit im

Jahre 1973 einen Anwerbestopp für ausländische Arbeitskräfte verfügte. Nun begann eine Entwicklung, in deren Verlauf das in Artikel 16 des Grundgesetzes garantierte Asylrecht dem Oberverwaltungsgericht Münster zufolge an seine Grenzen geführt wurde. Der deutsche Sonderweg erwies sich als zunehmend problematisch. Der renommierte Völkerrechtler Professor Helmut Quaritsch meinte dazu: »Die bundesrepublikanische Form der Asylgewährung ist in der Weltgeschichte des Rechts ohne Vorbild. Verbunden mit dem ebenfalls beispiellosen Rechtsschutz des Grundgesetzes sind Parlament und Regierung politisch handlungsunfähig in einem Bereich, den wegen seiner innen- und außenpolitischen Empfindlichkeit jeder Staat dem Zugriff der politischen Führung offenhält.«[6]

Hätte in der Vergangenheit ein Politiker die Beschreibung gewagt, wie sie der Vizepräsident des Bundesverfassungsgerichts Wolfgang Zeidler vorgenommen hat, dann wären ihm mit Sicherheit massive Diffamierungen nicht erspart geblieben: »Die Asylverheißung für jedermann, die politisch Verfolgte genießen, knüpft an Geschehnisse in anderen Weltgegenden an und verlangt deren dogmatisch rechtsbegriffliche Bewertung. Was politisch ist, hat bisher aber noch niemand abschließend und umfassend verbindlich zu definieren vermocht; und auch der Verfolgungsbegriff ist so unermeßlich weit und vielgestaltig wie die Möglichkeiten der Menschen, einander Leid anzutun und sich gegenseitig zu quälen. Die Anknüpfung an solche Maßstäbe scheint die Bundesrepublik kraft Verfassung der Landnahme durch beliebige ausländische Bevölkerungsmassen zu öffnen. Bei wirklichkeitsgerechter Auslegung des Begriffes ›politische Verfolgung‹ nämlich kann man wohl davon ausgehen, daß es weltweit millionenfach aktuell und hundertmillionenfach potentiell politisch Verfolgte gibt. Es ist deshalb gewiß kein Zufall, daß wir mit unserem Verfassungskonzept einer Asylverbürgung als subjektives verfassungsmäßiges Grundrecht allein und ohne Nachahmer in der Völkergemeinschaft geblieben sind.«[7]

Trotz dieser Äußerungen namhafter Rechtsgelehrter hat sich die Diskussion um eine Neuregelung des Asylrechts als äußerst schwierig erwiesen. Die besondere Schwierigkeit einer solchen Neuregelung liegt in der inhaltlichen Komplexität der zu regelnden Materie, den bestehenden parlamentarischen Mehrheitsverhältnissen und schließlich auch in der weitgehenden Tabuisierung des Themas. Diese Tabuisierung hat eine sachliche Erörterung verhindert, beziehungsweise solch eine Diskussion auf formelhafte moralisierende und häufig diffamierende Vorwürfe seitens der Gegner einer Novellierung reduziert.

Spätestens seit Anfang der achtziger Jahre beschäftigt uns die Asylfrage. Als es im Jahre 1980 etwa 100 000 Asylbewerber gab, wurde der Zwang zu handeln evident. So wurde ein Asylverfahrensgesetz verabschiedet. Die Asylbewerberzahlen sanken, aber sie stiegen auch wieder, wie die Statistik ausweist. Im Sommer 1992 wurde die achte Änderung des Asylverfahrensgesetzes verabschiedet. Das Problem blieb. Es wird bleiben, solange es keine tiefgreifende Grundgesetzänderung gibt. Gewiß, die Grundgesetzänderung ist nicht alles. Der Wanderungsdruck wird bleiben. Aber ohne Grundgesetzänderung ist alles nichts. Sei es die Komplexität der Materie, seien es die Machtverhältnisse im Bundestag, sei es der Hinweis auf die deutsche Vergangenheit: Die Politik ist seit mehr als zehn Jahren nicht in der Lage gewesen, das Problem zu lösen. Die Politik hat sich als handlungsunfähig oder -unwillig erwiesen. Dies ist das begründete Empfinden vieler Bürger. Sie trauen den etablierten Parteien keine Lösung mehr zu, benutzen den Stimmzettel als Denkzettel und wählen radikal. Oder sie gehen gar nicht erst zur Wahl. Offenbar bleibt dieses Wählerverhalten nun doch nicht ohne Wirkung: Plötzlich sehen sich die Spitzen der etablierten Parteien in einem Boot. Alle sind von Stimmenverlusten betroffen, und um diese Verluste wieder rückgängig zu machen, muß man sich schließlich und endlich um das Asylproblem kümmern.

Die Asylpolitik ist ein Beispiel dafür, wie jahrelang der erkennbare Wille der Mehrheit der Bevölkerung mißachtet wurde. Daß es bereits zu viele Flüchtlinge in der Bundesrepublik Deutschland gibt, meinten schon im August 1986 66 Prozent und nur drei Jahre später schon 84 Prozent der Bundesbürger.[8]

Und daß die meisten, die hier Asyl begehren, ganz andere Gründe als wirkliche politische Verfolgung haben, meinten im August 1981 schon 61 Prozent, zehn Jahre später, im Oktober 1991, sogar 84 Prozent. Nur die verantwortlichen Politiker merkten das offenbar nicht. Und 71 Prozent aller Befragten erklärten in der Umfrage von 1981, die Bundesrepublik hätte eine zu großzügige Anerkennungspraxis.

Mit welcher Unbekümmertheit die Parteien den Wählerwillen ignorierten, wird auch dann deutlich, wenn man die Befürworter einer asylrechtlichen Verschärfung nach Parteienpräferenz aufschlüsselt. Einer *Spiegel*-Umfrage vom Dezember 1988 zufolge sprachen sich für eine Beschränkung der Asylantenzahlen 84 Prozent der CDU/CSU-Wähler, 80 Prozent der SPD-Wähler, 72 Prozent der FDP-Wähler und sogar 50 Prozent der Wähler der Grünen aus.[9]

Wenn heute 66 Prozent der Westdeutschen und 75 Prozent der Ostdeutschen eine Grundgesetzänderung für zwingend halten, so hat dies eine klare Ursache: das jahrelange Unbehagen darüber, daß es nicht gelungen ist, das Asylverfahren auf vermutlich Verfolgte und das Hierbleiben auf die wirklich Verfolgten zu beschränken. Aber auf Dauer kann man in einer Demokratie nicht an der Mehrheit vorbeiregieren. Treffend drückte das einst Abraham Lincoln aus: »Man kann das ganze Volk eine Zeitlang zum Narren halten und einen Teil des Volkes die ganze Zeit, aber nicht das ganze Volk die ganze Zeit.«[10] Eine permanente Mißachtung des Mehrheitswillens zahlt sich nicht aus, ja, sie ist geradezu unverantwortlich. Die Asylpolitik ist ein Beispiel dafür, daß die Politik kaum in der Lage ist, vorausschauend Probleme zu erkennen und zu lösen. Es wird erst gehandelt, wenn es ganz und gar nicht mehr geht, wenn die Probleme fast schon unlösbar geworden sind. Eine solche Unfähigkeit zu vorausschauender Politik wird auch in anderen Bereichen deutlich. Die Umweltpolitik, die Gesundheitsreform und die Pflegefallversicherung sind dafür Beispiele.

Die im Asylbereich eingetretene Entwicklung war für jeden, der hinschauen wollte, vorhersehbar. Es hat genug Zeichen und

Warnungen gegeben. Die Antworten der Politiker waren Palaver oder unzulängliche Maßnahmen. Dabei ist ein großes Stück Glaubwürdigkeit verlorengegangen. Es bleibt die bittere Erfahrung, daß es des Druckes der Ereignisse bedarf, ehe die Politik handelt.

Wenn dazu noch von höchster Stelle der Republik der Rat erteilt wird, dieses Thema aus den Wahlkämpfen herauszulassen, muß die Bitterkeit größer werden. Denn man kann und darf es sich nicht leisten, ausgerechnet ein Thema auszuklammern, das nun wirklich alle Bürger beschäftigt. Auf das, was die Bürger bewegt, müssen die Parteien eine Antwort haben. Und sie müssen gesprächsbereit sein. Das ist eine demokratische Grundforderung. Natürlich darf die Politik nicht jeder radikalen Strömung in der Bevölkerung nachgeben. Sie hat auch die Verpflichtung, pädagogisch erklärend und mäßigend zu wirken. Aber sie darf weder verdrängen noch ignorieren. Eine solche Verdrängung von Problemen führt gerade in die Radikalität, die niemand wünscht.

Nun argumentieren manche, die Einbeziehung des Asylthemas in den Wahlkampf in Frankfurt (1989) und in Baden-Württemberg (1992) habe offenbar der CDU nicht genützt. Das mag durchaus sein. Denn inzwischen nutzt den großen Parteien weder das Zerreden noch das Verschweigen, weil nach zehn Jahren die Bürger Taten, das heißt Lösungen, sehen wollen. Das bloße, wahlkampfbedingte Sich-Befassen mit diesem Thema reicht nach zehn Jahren Geschwätz eben nicht mehr aus. Auch haben die Bürger inzwischen durchaus ein Gefühl für den Wert eines Wahlkampfthemas, das man kurzfristig einführt, weil man das Rumoren nicht mehr überhören kann. Das Versprechen einer Grundgesetzänderung als Wahlkampfwaffe muß versagen, wenn der Bürger über die Jahre gemerkt hat, daß dem keine Taten folgen. Hinzu kommt für Baden-Württemberg, daß der Ministerpräsident, Erwin Teufel, im Wahlkampf durchaus andere Töne zur Asylproblematik angeschlagen hat, als etwa zur Zeit des Ministerpräsidenten Lothar Späth.[11] Da war Teufel einer der Zaudernden, der auf unsere moralischen Verpflichtungen hinwies, so daß man ihn eher in der Nähe Heiner Geißlers suchen mußte. Kurzum, die Zeit ist vorbei, da die rein taktisch verstandene Einführung dieses Themas in Wahlkämpfe noch erklecklichen Gewinn für die bringen könnte, die sich zehn Jahre lang als unfähig erwiesen haben, das Problem zu lösen.

Typisch deutsch ist der Streit darüber, wer nun den Rechten die Wähler in die Arme treibe. Sind es jene, die fortwährend die Grundgesetzänderung propagieren und zum Wahlkampfthema erheben oder diejenigen, die den Leuten immer wieder klarmachen wollen, was alles warum nicht geht? Der Wähler hat viel Geduld gehabt. Manchmal aber fühlt er sich zum Narren gehalten. Der Grund für die Flucht in die Wahlenthaltung oder Radikalität liegt eindeutig in der Unfähigkeit der Politik zur Problemlösung.

Dabei geht es in Wahrheit nicht allein um das Asylthema. Vielmehr spielen auch soziale Fragen, wie die Wohnungsnot und die Arbeitsplatzsituation eine Rolle. Oft genug müssen Deutsche das Gefühl haben, daß Ausländer bei der Vergabe von Wohnungen und Arbeitsplätzen bevorzugt behandelt werden. Tatsächlich hängen von der Lösung der Zuwanderungsfrage noch andere ungelöste Probleme ab. Bei einer jährlichen Zuwanderung von einer halben Million Menschen oder mehr wird die beste Regierung in der besten ökonomischen Ausgangslage nicht fähig sein, den notwendigen Wohnraum und die notwendigen Arbeitsplätze zur Verfügung zu stellen. Offenbar spüren das viele Wähler stärker als manche Politiker. Deshalb bleibt die Kontrolle des Zuzugs eine Schlüsselfrage unserer Politik, und die Asylfrage stellt einen wesentlichen Aspekt dieses Zuzugsproblems dar.

Typisch deutsch ist auch, daß dieses Thema lange unter Gesichtspunkten der Vergangenheitsbewältigung diskutiert wurde. Die historische Schuld als Argument wirkt allzuleicht entwaffnend. Wer sich wehrt, wird zum »Neonazi«. Solche Anschuldigungen sind zutiefst ungerecht. Auf diese Weise lassen sich weder die abqualifizieren, die für eine Änderung des Asylrechts eintreten, noch diejenigen, die deshalb die Partei der Republikaner gewählt haben. Gleichwohl nimmt die Frage, welche moralischen Grenzen einer Neuordnung des Asylrechts gesetzt sind, breiten Raum ein. Niemand will in Abrede stellen, daß dies ein Aspekt von besonderer Bedeutung ist.

Gegen eine Änderung des Asylrechts wird vorgebracht, sie verbiete sich angesichts des Holocaust, der Aufnahme vieler Hunderttausend verfolgter Deutscher durch andere Länder und eines gemeinsamen Willens der Väter des Grundgesetzes, diesen historischen Gegebenheiten durch ein verfassungsmäßig verankertes Asylrecht Rechnung zu tragen. Eine durch Verlagerung in die Sphäre der reinen Moral jeglicher Diskussion entzogene Argumentation findet in der Entstehungsgeschichte des Artikels 16 GG *keine* Stütze. Sie verkennt die historische und psychologische Realität der Nachkriegsjahre und versucht, den seinerzeitigen Erörterungen im Parlamentarischen Rat die heutigen politischen Wertungen zu unterlegen.

Bei der Konzipierung des Artikels 16, Absatz 2, Satz 2 GG waren folgende Aspekte von besonderer Bedeutung: die Definition der politischen Verfolgung und die Grenzen des Asylrechts. Die Kenntnis dieser Erwägungen ist eine unerläßliche Voraussetzung für das Verständnis der von den Verfassern des Grundgesetzes verfolgten Intentionen:

Die Formulierung »politisch Verfolgte« stand am Ende einer Diskussion, in deren Verlauf auch die Beschränkung auf eine Verfolgung wegen des »Eintretens für Freiheit, Demokratie, soziale Gerechtigkeit und Weltfrieden« erörtert wurde. Von ihr wurde nur abgesehen, weil zum einen von kommunistischer Seite ein auf »antimilitaristische und antifaschistische Tätigkeit« abgestellter Gegenvorschlag vorlag und zum anderen die als Folge einschränkender Gesetzesmerkmale erforderliche Prüfung durch die Grenzpolizei für nicht realisierbar angesehen wurde. Der Verzicht auf diese Einschränkung war jedoch nicht als Abkehr von dem engen Begriffsinhalt des »politisch Verfolgten« gedacht. Dies ist von besonderer Relevanz für die Beurteilung heutiger Tendenzen in der Rechtsprechung und der öffentlichen Diskussion, die besorgniserregende Anzeichen einer Inflationierung des Verfolgtenbegriffs erkennen läßt.

## *Artikel 16 des Grundgesetzes und die Absichten von 1949*

Gleichermaßen aufschlußreich ist die Kenntnis der damaligen Debatte über die Grenzen der Asylgewährung. Vorgesehen war zunächst die Formel, Asylrecht werde »im Rahmen des allgemeinen Völkerrechts« gewährt. In den Beratungen des damit befaßten Unterausschusses wurde dies damit begründet, »daß wir nicht mehr vorsehen dürfen, als das allgemeine Völkerrecht vorschreibt. Wir sind eine schwache Nation, und ohne die Mittel, weitergehenden Schutz zu gewähren, können wir nicht etwas tun, wofür wir selbst nicht die entsprechenden Mittel zur Hand haben, um es zu gewährleisten.«

Diese Beschränkung auf das nach dem allgemeinen Völkerrecht ohnehin Vorgeschriebene wurde nur deshalb nicht in die Schlußfassung übernommen, weil die allgemeinen Regeln des Völkerrechts durch eine anderweitige Regelung zum Bestandteil des Bundesrechts erklärt werden sollten (was durch Artikel 25 GG geschehen ist). Eine inhaltliche Distanzierung von der Beschränkung auf das allgemeine Völkerrecht ist nicht erfolgt.

Auch aus folgenden Gründen muß vor dem Versuch gewarnt werden, die Intentionen der Väter des Grundgesetzes fehlzudeuten: In der Vorstellungswelt der ersten Nachkriegsjahre besaßen Überlegungen über eine Asylgewährung durch einen deutschen Staat keinerlei praktische Relevanz. Die später zur Bundesrepublik Deutschland vereinten westlichen Besatzungszonen befanden sich aufgrund der Kriegsschäden in einem wenig anziehenden Zustand. Unter den Ländern, die ein potentieller Flüchtling als Ziel in Erwägung ziehen konnte, nahm Westdeutschland nur eine Außenseiterrolle ein. Wer in jenen Jahren eine großzügige Asylgewährung propagierte, konnte sich »angesichts der politischen und wirtschaftlichen Situation Westdeutschlands und der Vorbehalte der Besatzungsmächte vor unkalkulierbaren Folgen der Asylrechtsgarantie ziemlich sicher sein«.[12]

Ferner konnte gegen den Willen der Besatzungsmächte das

Recht auf Asyl zunächst gar nicht geltend gemacht werden. Die Kompetenz der Besatzungsmächte für das gesamte Auslieferungswesen bestand bis 1955, als der Bundesrepublik die Rechte eines souveränen Staates übertragen wurden. Auch erhielten ausländische Flüchtlinge, die wegen der Besetzung ihrer Heimat durch die Rote Armee nicht dorthin zurückkehren wollten (»Displaced persons«), kein offizielles Asyl. Sie durften vielmehr kraft Weisung der westlichen Besatzungsmächte in Westdeutschland bleiben.

Weder der Artikel 16 GG noch seine Verfasser oder seine Entstehungsgeschichte können als Beleg für die These in Anspruch genommen werden, dem deutschen Volk obliege auf dem Gebiet des Asylwesens eine *besondere* Verpflichtung. Die Genesis des Artikels 16 belegt vielmehr das genaue Gegenteil, nämlich die Absicht, den Deutschen in realistischer Würdigung ihrer beschränkten Möglichkeiten dasselbe Maß an Verpflichtung (und nur dieses!) aufzuerlegen, wie es auch den anderen Mitgliedern der Völkerfamilie oblag, in deren Gemeinschaft es das deutsche Volk zurückzuführen galt.

Selbst von seinen Schöpfern ist das Asylgrundrecht nicht als besonders bedeutsam angesehen worden. Deshalb wurde das Grundrecht auf Asyl in der Abhandlung »Politische und staatsrechtliche Ordnung der Bundesrepublik Deutschland«, welche seinerzeit den Grundrechtsteil des neuen Grundgesetzes beschrieb und erläuterte, nicht einmal erwähnt – im Gegensatz zur Kriegsdienstverweigerung und zur Gleichberechtigung.

Versuche, die Intentionen der Väter des Grundgesetzes im nachhinein umzudeuten, laufen darauf hinaus, das deutsche Volk gleichsam mit einer politisch-moralischen Erbsünde zu belasten und der fragwürdigen These von der Kollektivschuld die Kollektiv- und Sippenhaftung der Folgegenerationen zur Seite zu stellen. Nicht anders sind jedoch Äußerungen wie die des Berliner FDP-Politikers Jürgen Dittberner zu verstehen, der eine Verschärfung des Asylrechts als eine Einschränkung der Chance zur Wiedergutmachung sieht.[13] In solchen Gedankengängen kommt eine Stigmatisierung Unbeteiligter und ihres nationalen Selbstwertgefühls zum Ausdruck. Es sei erlaubt, die jüdische Autorin Salcia Landmann zu zitieren, die die »kollektive Bußbereitschaft der Deutschen wegen Auschwitz« als Grund dafür sieht, daß die zu einem »üblen Witz« entartete deutsche Asylpolitik nicht korrigiert werde. »Hinzu kommt die Angst davor, daß jede Weigerung, Millionenheere einströmen zu lassen und mit Staatspensionen auszustatten, sofort als ›nazistischer Rassismus‹ ausgelegt werden könnte. Als ob das eine mit dem anderen auch nur das mindeste zu tun hätte.« Diejenigen, die gegen den Asylbewerberzustrom protestieren, sind für sie keineswegs Rassisten: »Sie protestieren einzig gegen die Zumutung, beliebige Völkermassen aufnehmen und ernähren zu müssen, sofern die Betreffenden nur das Zauberwort ›Asyl‹ buchstabieren.«[14]

Übrigens sind Vergleiche zwischen der Situation in den heutigen Krisengebieten der Welt und der vom Nationalsozialismus entfesselten Apokalypse unangemessen. Auch wenn die aktuellen Geschehnisse an vielen Orten der Erde für die Betroffenen grausam und lebensbedrohend sind, so sind sie doch auf schlimme Weise insofern »normal«, als sie Glieder einer langen Kette immerwährender Konflikte zwischen Menschen, Gruppen, Stämmen und Völkern sind. Diese Kämpfe haben die Geschichte der Menschheit von Beginn an begleitet, und es gibt wenig Hoffnung, daß sich dies einmal grundlegend ändern wird. Sie verkörpern die tragische Alltäglichkeit des Strebens nach territorialer, wirtschaftlicher, sozialer und politischer Dominanz, welches die Menschheitsentwicklung geprägt hat. Solchen Entwicklungen kann weder von Europa aus entscheidend entgegengewirkt werden, noch ist eine Einflußnahme auf ihren Ablauf möglich. Ebensowenig bestehen realistische Aussichten und Möglichkeiten, mehr als nur einen winzigen Teil der von ihnen Betroffenen zu schützen.

Zudem ist die Asylwirklichkeit unserer Tage überschattet von vielfältigen Mißbrauchsformen, die das Asylrecht und die wirklich Bedrohten auf das Schlimmste diskreditieren. Der Wirtschaftsasylant aus einer der armen Regionen dieser Erde, die Prostituierte aus Guinea, der als Rauschgift-Container fungierende Srilanker und der Libanese, der als Tatverdächtiger in Erscheinung getreten ist: Sie sind es, die entscheidend das Bild der Asylbewerber von heute und das Bewußtsein der Öffentlichkeit prägen. Sie sind es, mit denen die Gleichsetzung und Identifizierung erfolgt, wenn argumentiert wird, um der Millionen ermordeten Juden willen müsse das Asylrecht unverändert bleiben.

Bei den Wählern ist der moralisierende Hinweis auf die Vergangenheit ein untaugliches Instrument geworden. Die Mehrheit der Deutschen will die Gegenwartsbewältigung nicht der Vergangenheitsbewältigung opfern. Der Verweis auf die Schuld von gestern entschuldigt nicht die Unfähigkeit der Politik, die Probleme von heute zu lösen.

Ende 1991 lebten in der Bundesrepublik Deutschland etwa 1,2 Millionen Asylberechtigte, Asylbewerber und Flüchtlinge einschließlich ihrer Familienangehörigen, für deren Versorgung der deutsche Steuerzahler 1991 Kosten in Höhe von rund sechs Milliarden Mark trug. Zieht man in Betracht, daß jene Länder, die den vom nationalsozialistischen Unrechtsstaat Verfolgten Zuflucht gewährten zusammen etwa 800 000 Menschen aufgenommen haben, dann erscheint die Aufnahme jener 1,2 Millionen Menschen allein durch die Bundesrepublik Deutschland als eine in höchstem Maße respektable humanitäre Leistung. Unser Land steht mit der Aufnahme von 1,6 Verfolgten pro 100 Einwohner an vorderster Stelle in Europa.

Bedauerlicherweise werden in diesem Zusammenhang häufig falsche Zahlen kolportiert, die Familienangehörige, Kontingentflüchtlinge und die Flüchtlinge aus Osteuropa, die bei uns kein Asylverfahren benötigen, unberücksichtigt lassen. Die Aufnahmequote der Bundesrepublik Deutschland ist um so höher zu bewerten, als sie nicht nur den vielen Millionen Deutschen aus den Ostgebieten eine neue Heimat geboten hat, sondern sich auch der Aufgabe gegenübersieht, knapp fünf Millionen in Deutschland lebende Gastarbeiter nebst Angehörigen, von deren Bleiben ausgegangen werden muß, in unsere Gesellschaft zu integrieren. Die Zahl der Asylbewerber kann nicht isoliert betrachtet, sondern sie muß vor dem Hintergrund der Gesamtausländerzahl gesehen werden. Es kann keinem Zweifel unterliegen, daß die Bundesrepublik Deutschland damit die Grenzen ihrer Belastbarkeit und der Zumutbarkeit für ihre Bürger erreicht hat. Noch weniger ist zu bestreiten, daß sich die Bundesrepublik, die aufgrund des geltenden Rechts einem flutartigen Zustrom von Asylbewerbern ohne jedes Abwehrmittel ausgesetzt sein kann, rechtzeitig das Instrumentarium schaffen muß, um im Falle krisenhafter Entwicklungen hier oder anderswo die zur Wahrung ihrer Souveränität und der nationalen Interessen erforderlichen Maßnahmen unverzüglich treffen zu können.

Das Verfassungsgebot des Artikels 16 GG, wordurch sich die Bundesrepublik den politisch Verfolgten des gesamten Erdballs als Zufluchtsland zur Verfügung stellen muß, hat sich mit zunehmender praktischer Inanspruchnahme als eine folgenschwere Selbstüberschätzung und darüber hinaus als kaum zu verantwortende, weil eben unlimitierte Belastung späterer Generationen erwiesen. Der im Grundgesetz festgelegte absolute Vorrang moralischer Aspekte gegenüber rational-politischen Faktoren ist Ausdruck von Bewußtseinslage und Vorstellungswelt der unmittelbaren Nachkriegszeit. Solch ein moralisches Postulat kann angesichts tiefgreifender Veränderungen der deutschen und der internationalen politischen Situation in seiner Unbedingtheit nicht aufrechterhalten werden. Gleichzeitig findet eine Diskussion statt, die eine Ausweitung der Asylproblematik dadurch bewirken kann, daß zum Beispiel die Not als Asylgrund anerkannt werden soll. Ja, es wird sogar eine Art zweites Asylrecht für Bürgerkriegsflüchtlinge gefordert. Tatsächlich wird auf eine *Abschiebung* von Asylbewerbern in Bürgerkriegsgebiete bereits heute verzichtet. Auch aus diesem Grund waren 1990 von 85 651 abgelehnten und ausreisepflichtigen Asylbewerbern Ende des Jahres noch 50 478 nachweislich im Lande, 14 130 andere waren »verschwunden«, also vermutlich innerhalb Deutschlands untergetaucht.

## Deutsche Asylpolitik – zehn Jahre Scheinlösungen für Scheinasylanten

Mehr als die Hälfte aller Asylbewerber in den EG-Staaten drängt nach Deutschland. Das führte so weit, daß eine (SPD-regierte) Großstadt wie Bremen einen wahlkampfbedingten Aufnahmestopp für Asylbewerber verhängte und das (ebenfalls SPD-regierte) München in letzter Not Asylbewerber in Wohn-Container stopfte, die dann auf der Oktoberfestwiese von einem Sicherheitsdienst bewacht werden mußten. Wie konnte es eigentlich so weit kommen?

Bereits vor zwölf Jahren fragten die *Kommunalpolitischen Blätter*: »Asylanten: Geben die Städte auf?« Zwei Monate zuvor schrieb der Deutsche Städtetag an den damaligen Innenminister Baum: »Sollte sich die Situation in den nächsten Monaten nicht durchgreifend ändern, werden immer mehr Städte dazu übergehen müssen, eine weitere Aufnahme von Asylbewerbern abzulehnen.«[15] Die Einrichtung erster Sammellager mußte in Angriff genommen werden. Seit Mitte der siebziger Jahre war die Zahl angeblicher und tatsächlicher Flüchtlinge lawinenartig angeschwollen, 1975 waren es noch 9600, zwei Jahre später bereits 16410 und 1979 schon 51493 Asylbewerber. 1980 erfolgte ein Ansturm, der bei Kommunalpolitikern für Panikstimmung sorgte: 107800 Menschen beantragten politisches Asyl in Westdeutschland.

Mitte der siebziger Jahre begann der große Asyltourismus. Betrug die Anerkennungsquote von Asylbewerbern durch das Bundesamt in Zirndorf 1971 noch 57 Prozent, so waren es 1975 noch ganze 18,4 Prozent und 1980 nur noch 12 Prozent. 60 bis 70 Prozent der Ankommenden in diesem Jahr waren Türken. Der Grund: 1973 hatte die Bundesrepublik einen Anwerbestopp verfügt, so daß man auf das Asylticket als Einwanderungsinstrument auswich. Ein erheblicher Teil von ihnen wurde durch Schlepper hereingeschleust. Der bayerische Innenminister, Tandler, warf der Bundesregierung wohl nicht zu Unrecht vor, durch ihre Untätigkeit »zum Handlanger der mafiaartig organisierten Schlepperbanden geworden zu sein, die Scheinasylanten in unser Land verfrachten«.[16] Auch dieses Schleppergeschäft blüht also seit Ende der siebziger Jahre. Und hatten die Menschenschleuser 1983 mit nur noch 19700 Asylbewerbern in Deutschland offenbar eine vorübergehende Konjunkturflaute zu verzeichnen, so waren es bereits 1986 wieder 99650 »Flüchtlinge«, die bei den Schleppern für Arbeit und Brot sorgten.

Die große Asylbewerberwelle von 1980 schreckte die sozialliberale Koalition aus ihrer Untätigkeit auf. Freilich hatte man es nicht so eilig mit einer Gesetzesänderung. Die Länder kamen dem Bund zuvor: Im März 1981 brachten sie im Bundesrat einen Entwurf ein, der eine grundsätzliche Neuordnung des Asylverfahrens vorsah sowie eine Verfahrensbeschleunigung anstrebte. Schließlich tragen die Bundesländer als Versorger der Asylbewerber die eigentliche Hauptlast. Deshalb machten sie der SPD/FDP-Bundesregierung Dampf. Mit dem Ergebnis, daß die Regierung schließlich ein halbes Jahr später, im Oktober 1981, ihren Entwurf für ein Asylverfahrensgesetz einbrachte, das dann am 16. Juli 1982 verabschiedet wurde. Damit wurde das Asylverfahren erstmals aus dem bis dahin maßgeblichen Ausländerrecht ausgekoppelt.

Doch die großen Hoffnungen, die sich auf das neue Verfahrensrecht gründeten, wurden enttäuscht. Es begann eine zehnjährige Geschichte der Asylpolitik mit Scheinlösungen für Scheinasylanten. Man glaubte, wenn man nur das Verfahren ändere, löse man die Probleme. Zwar konnten die einstmals bis zu zehn Jahren dauernden Verfahren auf eine durchschnittliche Länge von zwei bis drei Jahren reduziert werden. Auch sank zunächst die Zahl der Asylbewerber. Doch fand man keine Mittel, den vielen offensichtlichen Asylschwindlern den Rechtsweg überhaupt zu verwehren und damit ihren Daueraufenthalt zu verhindern. Die Bewerberzahlen stiegen sehr bald wieder.

Die seit 1982 regierende Koalition von CDU/CSU und FDP kurierte erfolglos am Asylrecht herum. Etwa im Abstand von jeweils zwei Jahren ergingen neue Regelungen zur Verfahrensverkürzung und -beschleunigung. Allein, die Zahlen stiegen weiter an. Daran konnten auch der »Abschreckung« dienende Maßnahmen wie Arbeitsverbote und Wartezeiten für Asylbewerber (1986) sowie Sanktionen gegen Fluggesellschaften, die Ausländer ohne Visa beförderten, nichts ändern.[17] Die Einführung des Sichtvermerkzwangs sowie die Aufhebung des Zwischenlandeprivilegs für Reisende aus den Hauptherkunftsländern (1982/1986) mochten die Zahl der per Flugzeug einreisenden Asylbewerber gesenkt haben. Doch gleichzeitig kamen offenbar immer mehr Menschen auf dem Landweg, denn die Asylbewerberzahlen stiegen weiter. Auch sieben Änderungen bzw. Verschärfungen des Asylverfahrensgesetzes konnten das Problem nicht lösen. Als 1982 eine Koalition aus CDU/CSU und FDP die Regierung übernahm, sollte sie nach Auffassung der Union auch in der Ausländerpolitik zu einer »Wende« führen. Schließlich hatte man den Wählern nicht nur eine Stabilisierung, sondern gar eine Reduzierung der Ausländerzahlen versprochen. Nach zehn Jahren Koalition kann von einem Erfolg allerdings nicht die Rede sein. Man hat an Symptomen herumkuriert. Der Grund ist klar: Die FDP wollte nicht und Teile der CDU ebensowenig. Das Asylthema wurde mehrmals bewußt aus Wahlkämpfen herausgehalten, so im Bundestagswahlkampf 1987 auf Weisung von Heiner Geißler, 1989 in Berlin auf Bestreben von Eberhard Diepgen.

In der Bonner Koalition dominierten in Sachen Grundgesetzänderung die Neinsager. Laut der Tagespresse vom 3. Februar 1989 »lehnten Dregger und Mischnick – im Gegensatz zur CSU – eine Änderung des Grundrechts auf Asyl ab«.[18] Drei Jahre zuvor hieß es in einem Schreiben des Bundesministers der Justiz an einen Petenten: »Der seit 1984 wieder zu verzeichnende erhebliche Anstieg der Asylbewerberzahlen gegenüber den Vorjahren hat in der Öffentlichkeit erneut zu einer intensiven Diskussion um mögliche Einschränkungen des Asylrechts geführt. In diesem Zusammenhang hat der Berliner Innensenator Lummer u. a. empfohlen, das Grundrecht auf Asyl mit einem Gesetzesvorbehalt zu versehen oder das Asylrecht aus dem Grundrechtskatalog des Grundgesetzes zu streichen und in eine durch einfaches Gesetz geregelte staatliche Ermessensentscheidung umzuwandeln. Nach Auffassung des Bundesministeriums der Justiz besteht demgegenüber derzeit keine Veranlassung für eine vertiefte Diskussion über eine eventuelle Änderung des Artikels 16 Absatz 2 GG.«[19]

Im Koalitionspapier des Jahres 1987 wird eine Neuordnung des Ausländerrechts zwar angekündigt, aber mit keinem Wort ist davon die Rede, wohin die Reise gehen soll. Es heißt dort lapidar: »Das Ausländerrecht wird umfassend neu geregelt.« Dies war ein nichtssagender Formelkompromiß. Die FDP wollte durch die Neuordnung mehr Liberalisierung, die CDU/CSU Restriktionen. Es war zwangsläufig, daß im Asylbereich nichts Nennenswertes passierte. Christdemokratischen Ansätzen einer gründlichen Reform des Ausländerrechts sperrte sich der Koalitionspartner FDP. Die von einigen Unionspolitikern zunächst verhalten geforderte Änderung des Grundrechts auf Asyl lehnten die Freidemokraten kategorisch ab.

Zehn Jahre lang verkündete die FDP stolz, »mit ihr« werde es eine Änderung der Verfassung nicht geben. Einer Verfassungsänderung stünden eherne Prinzipien liberaler Politik entgegen, hieß es immer wieder. Die Sprüche des Abgeordneten Burkhard Hirsch sind Legion. Der Umfall kam – wie immer bei der FDP – ratenweise. Zunächst wollte man eine Zustimmung zur Verfassungsänderung von einer vorherigen Harmonisierung eines europäischen Asylrechts abhängig machen. Dann – man schreibt den 15. Juni 1992 – war man bereit, *vor* einer einheitlichen europäischen Regelung die Verfassung zu ändern.

Was hat zu dieser besseren Einsicht geführt? Die politische Vernunft gewiß nicht. Hat man erkannt, daß die Zahl der Asylbewerber zu groß und die Kosten zu hoch sind? Wohl nicht. War man nun bereit, der Koalition etwas zu opfern? Wohl kaum. Der Grund für die Meinungsänderung der FDP ist so bezeichnend wie die Erklärung des Grafen Lambsdorff erfrischend und deutlich: »Ich bestreite überhaupt nicht, daß uns das Wahlergebnis nachdenklich gemacht hat, daß die politische Haltung, die die

Regierungsparteien eingenommen haben, aber überhaupt die großen Parteien eingenommen haben, Wasser auf die Mühlen von Leuten gelenkt hat, die wir nicht stärken wollen. Das hat uns auch zum Überprüfen von Positionen gebracht. Es ist nicht falsch, wenn Parteien aus Wahlergebnissen versuchen, Konsequenzen zu ziehen und zu lernen . . . Von Übernahme der politischen Forderungen der Republikaner ist keine Rede.«[20] Jene Wähler also, die den Stimmzettel als Denkzettel benutzten, um eine rechte Partei zu wählen, waren es, die der FDP mehr Einsicht in die Notwendigkeit einer Verfassungsänderung vermittelten. Folgt daraus, daß es für den Bürger notwendig ist, aus dem braven Stimmverhalten auszubrechen, um auf diese Weise Bewegung in die politische Landschaft zu bringen? Trefflicher hätte der Vorsitzende der Republikaner, Franz Schönhuber, keine Wahlkampfrede würzen können. Die etablierten Parteien können offenbar nur auf diese Weise auf Trab gebracht werden.

Das ist keine erfreuliche Erkenntnis. Und zum größeren Ansehen der Parteien und Politiker wird sie auch nicht beitragen. Fehlende Glaubwürdigkeit sei der wichtigste Punkt in den Augen der Bürger, wenn es um das Ansehen der Politiker gehe, meint die *Forschungsgruppe Wahlen* in einer Analyse im Juni 1992: »Die Bürger wollen von den Politikern klare Standpunkte haben, sie wollen Konsequenzen sehen. Das Allerwichtigste ist Glaubwürdigkeit.«[21] Nun wäre die FDP nicht die FDP, wenn sie nicht erneut den Umfall geprobt hätte. Einen Tag später – man schreibt den 16. Juni – beschäftigt sich die Fraktion mit dem Thema. Der Streit beginnt aufs neue. Der Beschluß des Bundesvorstandes wird beachtlich modifiziert. Wieder einmal weiß keiner, wo es langgehen soll. Fazit: Wenn Glaubwürdigkeit ein wichtiger Grund für die Wähler ist, einer Partei ihre Stimmen zu geben, dann gibt es keine Gründe, sie der FDP zu geben.

Unter anderen Vorzeichen steht die Haltung der Grünen in der Asyldebatte. Immerhin hatte diese Partei stets eine eindeutige Meinung, der sie treu blieb: Den Grünen waren die Ausländer im allgemeinen und die Asylbewerber im besonderen immer viel lieber und wichtiger als die eigenen Landsleute. Grüne Politiker boten Asylbewerbern Schutz vor rechtmäßiger Abschiebung, sie demonstrierten gegen die notwendige Verschärfung des Asylrechts, sie boten abgelehnten Asylbewerbern sozusagen Asyl vor deutschen Behörden.

Schließlich haben sich die Grünen im Mai 1992 auf ihrer 14. Ordentlichen Bundesversammlung mit dem Thema der Flüchtlinge und Einwanderer beschäftigt und einen Beschluß gefaßt, der als Votum für »radikal offene Grenzen« verstanden wird.[22]

In diesem Beschluß sprechen sich die Grünen gegen »jede Änderung des in Artikel 16 verankerten Grundrechts auf politisches Asyl« aus.[23] Sie lehnen europäische Lösungen ab und treten zugleich für eine »Erweiterung des Fluchtbegriffes ein«. Sie fordern die Anerkennung der Bundesrepublik als »Einwanderungsland« und die soziale und rechtliche Gleichstellung der in Deutschland lebenden Migranten. »Das bestehende Ausländergesetz und Ausländerrecht muß in diesem Sinne abgeschafft werden.« Menschen aus Bürgerkriegsregionen sollen ohne Asylantrag sofort ein »sicheres Bleiberecht« erhalten. Solche Forderungen werden damit begründet, daß die Bundesrepublik und die anderen Industriestaaten maßgeblich für die Fluchtgründe verantwortlich seien: »Deutsche Waffen machen Kriege anderswo erst möglich, Regimes, die Menschenrechte mit Füßen treten, werden unterstützt und die BRD profitiert von einer ungerechten, ausbeuterischen Weltwirtschaftsordnung. Unser Wohlstand hier beruht auf Hunger und Armut anderswo!«[24]

Dagegen kann man natürlich nicht viel sagen, sondern nur demütig verstummen. Daß die Grünen und Alternativen zum deutschen Wohlstand nicht viel beigetragen haben, ist klar. Sie haben allenfalls davon profitiert. Offenbar begreifen die Grünen nicht, daß der deutsche Wohlstand Ende des 19. Jahrhunderts begründet wurde, zu einer Zeit, da wir weder Asylbewerber kannten noch Flüchtlinge oder Einwanderer, sondern allenfalls Deutsche, die auswanderten. Was die deutschen Kolonien in Übersee betrifft: Keine Kolonie hat sich für das Deutsche Reich bezahlt gemacht, in sämtliche Territorien wurde mehr investiert, als an Geld und Waren nach Deutschland zurückfloß.

Die masochistischen Züge der grünen Nationalallergetiker sind so unverkennbar wie ihre Entfernung von den Realitäten. Eine treffende Bewertung lieferte Norbert Kostede in der *Zeit*: »Je unkontrollierter die Einwanderung, um so schwerer fällt eine soziale und politisch gleichberechtigte Integration. Moralisierer haben nur selten die Moral auf ihrer Seite! Die Entscheidung ›offene Grenzen‹ deutet an, wie instinktsicher sich die Grünen auch in Zukunft aus dem Spiel katapultieren können.«[25]

In der Asyldiskussion wird deutlich, daß große Teile der Linken ein problematisches Verhältnis zu ihrem eigenen Volk haben. Die »Ausländerfreundlichkeit« ist bei vielen Linken nichts anderes als ein Ausdruck von Inländerfeindlichkeit. Dies erkannte selbst der Kommentator der linksalternativen *tageszeitung*: »Als Deutscher stets lautstark den eigenen Antirassismus zu intonieren kann offensichtlich zu notorisch gutem Gewissen verführen und gegen Selbstzweifel immunisieren. Der Verdacht liegt nahe, daß es die aus dem eigenen Vorhutbewußtsein gespeiste Inländerfeindlichkeit ist, die manche deutschen Antirassisten in erster Linie treibt. Die Ausländerfreundlichkeit, die so tapfer wirkt, ist bloß abgeleitete Funktion.«[26]

Schon in der Debatte um die Wiedervereinigung wurde der Nationalmasochismus deutlich, der sich bei Linksintellektuellen wie Günter Grass in der These manifestierte, Deutschland habe wegen Auschwitz das Recht zur Wiedererlangung der nationalen Einheit verwirkt. Glücklicherweise konnten Grass und andere Linksintellektuelle – genannt seien hier nur Jürgen Habermas und Walter Jens – die Wiedervereinigung nicht verhindern. Deshalb sinnen sie nun nach anderen Möglichkeiten, den deutschen Nationalstaat zu überwinden. Die Vision heißt »mulitikulturelle Gesellschaft« und soll über eine bedingungslose Öffnung der Grenzen realisiert werden. Berücksichtigt man die Tatsache, daß der Anteil der Deutschen an der Bevölkerung der Bundesrepublik schon aufgrund der demographischen Entwicklung Jahr für Jahr sinkt, dann hätte eine bedingungslose Öffnung der Grenzen die Folge, daß die Deutschen in absehbarer Zeit zur Minderheit im (dann nicht mehr) eigenen Land würden.

Deutschland soll den Deutschen genommen werden. Ob man das Landnahme, Überfremdung oder Unterwanderung nennt, tut nichts zur Sache. Das Phänomen des Nationalmasochismus ist nicht neu. Neu ist die Dimension, denn man kann sich leider nicht mehr damit beruhigen, daß sich solche Haltungen auf kleine Zirkel beschränken.[27] Nicht nur die historische Schuld des Nationalsozialismus führt zur Abneigung alles Deutschen, sondern offenbar auch die Tatsache, daß die Deutschen den linken Ideologen nicht oder nicht ausreichend gefolgt sind. Es ist der Frust und die Enttäuschung einer politischen Linken, denen sich das deutsche Volk entzog. Die Deutschen haben das sozialistische Experiment der Linken nicht mitgemacht. Da sie sich nicht als würdig genug erwiesen haben, sollen sie eben zugrunde gehen. Der Historiker Rainer Zitelmann analysiert die Ursachen des deutschen Selbsthasses: »Der linke deutsche Selbsthaß ist nicht nur ein Resultat der NS-Vergangenheit, sondern vor allem auch ein Ergebnis des frustrierten Aufklärungseifers und Sendungsbewußtseins. Die Linke fühlte sich als wahrhafte Vertreterin der ›objektiven Interessen‹ der ›Massen‹ des Volkes. Die Massen wollten und wollen aber nicht auf die Linke hören. Viele Bücher und Aufsätze in linken Zeitschriften sind zu der Frage erschienen, warum die ›Massen‹ ihre Interessen nicht erkennen und ihnen zuwiderhandeln. Diese Erfahrung war um so schmerzlicher als sie mit einem enormen, höchst ›engagierten‹ Missions-Eifer korrespondierte. Aus der Frustration über dieses weitgehend ins Leere laufende Sendungsbewußtsein entwickelte sich bei vielen Linken eine Distanz zum eigenen Volk, bei einigen sogar eine massive Abneigung, die in Haß umschlagen konnte. Dies ist eine wesentliche Wurzel des Selbsthasses, der im Grunde kein Selbsthaß im eigentlichen Wortsinn ist, weil man nicht sich selbst haßt, sondern das ›Restvolk‹.«[28]

Was die Asyl- und Ausländerpolitik der Union betrifft, so vermißt man auch hier seit Jahren Geradlinigkeit und Konsequenz. In einem Diskussionspapier vom April 1987 vertraten einige Abgeordnete aus dem Umfeld der CDA (Christlich-Demokratische Arbeitnehmerschaft) Positionen, die an Großherzigkeit kaum noch zu überbieten waren. Eine Rückkehr von Flüchtlingen müsse auf der Basis »absoluter Freiwilligkeit« erfolgen und »jeder politische Flüchtling muß eine Chance haben, die Grenzen der Bundesrepublik Deutschland zu erreichen«.[29] Wenn wir in den zurückliegenden Jahren auf Abschiebungen und die Anwendung des Visarechts vollständig verzichtet hätten, wären die Zahlen der Asylbewerber ungleich höher, als sie es ohnehin schon sind. Der linke Flügel der CDU war in der Frage der Ausländerpolitik im allgemeinen und der Asylpolitik im besonderen viel näher bei den Sozialdemokraten und den Grünen als bei den Wählern der Union und den Arbeitnehmern in Deutschland.

Namhafte Vertreter der Union haben sich bis über die Mitte der sechziger Jahre hinaus immer wieder gegen eine Änderung des Grundgesetzes ausgesprochen. Im Oktober 1985 distanzierte sich der Regierende Berliner Bürgermeister, Diepgen, von einer Forderung seines Innensenators, der eine Grundgesetzänderung verlangte.[30] Noch im Juli 1986 bezeichnete die Berliner Schulsenatorin, Hanna-Renate Laurien, Forderungen nach einer Grundgesetzänderung als »Ablenkungsmanöver«.[31] Im August 1986, einen Monat später, meinte Diepgen, die Beschlüsse der Bundesregierung zur Eindämmung des Asylbewerberzustromes reichten aus. Er sei deshalb gegen eine Grundgesetzänderung. »So dramatisch ist die Lage nicht. Wir haben alles im Griff.«[32]

Solche gravierenden Fehleinschätzungen hatten in der CDU keinen Seltenheitswert. Auch der damalige Innenminister Niedersachsens, Wilfried Hasselmann, lehnte im September 1986 eine Änderung des Grundgesetzes ab. Und in einer Agenturmeldung vom 2. September 1986 heißt es: »Berlins Regierender Bürgermeister Eberhard Diepgen (CDU) und die SPD in Bonn unterstützten eine Erklärung des Rats der Evangelischen Kirche in Deutschland (EKD), in der eine Verfassungsänderung abgelehnt wurde.«

Als die Berliner Republikaner im Januar 1989 7,5 Prozent der Stimmen bekamen, sah dann plötzlich vieles anders aus. Die Asyldiskussion wurde schlagartig zum nationalen Thema. 103 000 Asylbewerber waren 1988 nach Deutschland gekommen, ein neuer Rekord. Eine hektische Debatte des Asylrechts setzte ein. Die FDP erklärte allerdings weiterhin unverdrossen und unbelehrbar, eine Grundrechtsänderung des Artikels 16 sei »mit ihr« nicht machbar, entsprechende Diskussionen seien dumm und überflüssig. In Berlin hatte die FDP-Fraktion noch kurz vor der Wahl eine Art Asylpolitik-Erfolgsliste präsentiert, in der sie sich mit der Verhinderung von Initiativen zur Einschränkung des Artikels 16 »von Berlin aus« brüstete.[33] Nach der Wahl fand sie sich in der Opposition wieder.

Obwohl die Union das Thema nun offensiver aufgriff, kam sie damit zu den hessischen Kommunalwahlen zu spät: In Frankfurt zog die rechtsextreme NPD ins Rathaus ein, der CDU-Oberbürgermeister wurde, wie in Berlin, von einem Sozialdemokraten abgelöst. Damit wurden die Christdemokraten für alte Versäumnisse bestraft. Sie hatten sich um das Thema Asyl erst gekümmert, als das (Berliner) Kind schon im Brunnen lag. Man war nicht mehr glaubwürdig. Schließlich brannte den Kommunen das Asylproblem seit zehn Jahren unter den Nägeln.

Aber die Eiertänze in Sachen Asyl sollten noch weitergehen. Wirkungsvolle Maßnahmen blieben weiterhin aus; im Juni 1990 einigte sich die Koalition endlich auf ein neues Ausländergesetz. Die Neufassung des alten Ausländerrechts hatte seit 1982 auf dem Programm gestanden, war allerdings durch die FDP-Blockadepolitik nicht möglich gewesen. Was dann 1990 verabschiedet wurde, stellte leider einen faulen Kompromiß mit liberalen Einwanderungsvorstellungen dar: Das Gesetz sieht die rechtliche Aufenthaltsverfestigung von abgelehnten, nichtabgeschobenen Asylbewerbern, raschen Familiennachzug zu dieser Gruppe und wiederum ein eigenes Aufenthaltsrecht für die Nachgezogenen vor.

## *Diskussion um das Asylrecht – die SPD auf Schlingerkurs*

Kurioserweise griff der saarländische Ministerpräsident und SPD-Kanzlerkandidat, Oskar Lafontaine, im August 1990 den alten CDU-Vorschlag einer Grundgesetzänderung auf – um die Sache alsbald wieder fallenzulassen.[34] Die SPD-Parteilinie sah noch keine Grundgesetzänderung vor, noch klammerte man sich an wohlklingende Phrasen und »Prinzipien«. Mit der Wahrnehmung der Wirklichkeit wollte sich die SPD-Baracke noch etwas Zeit lassen. Am Ende des Jahres verzeichnete das Bundesamt für Asyl in Zirndorf einen neuen Rekord: 193 000 Menschen begehrten »Schutz vor politischer Verfolgung«. Darunter zweifellos viele, die bereits erfolglose Asylanträge in Nachbarländern gestellt hatten: Schweden, die Schweiz, Holland und Dänemark hatten ihr Asylrecht verschärft.

Fast zwei Drittel der Westdeutschen zählten im Dezember 1990 den Asylkomplex zu den brennendsten politischen Problemen. Immer stärkere Proteste der Bürgermeister und der Kommunalverbände erreichten die Parteizentralen. Nun endlich stand auch in Bonn das Wasser »Oberkante Unterlippe« und erreichte den Punkt, der Politikern keine Ausreden mehr läßt, sondern sie zum Handeln zwingt. Es dauerte dann noch bis zum 10. Oktober 1991, bis sich CDU, SPD und FDP auf die Grundlinien – also noch lange kein fertiges Gesetz – für eine erhebliche Beschleunigung des Asylverfahrens einigten. Und einen Tag später legte das Bundesinnenministerium endlich einen Vorschlag zur Änderung des Artikels 16 und des Artikels 24 GG vor – elf Jahre nach Erreichen einer ersten Hochwassermarke von mehr als hunderttausend Asylbewerbern im Jahr 1980.[35] Politiker, das wurde wieder einmal deutlich, reagieren erst auf Druck. Und erst, wenn es an der Basis lichterloh brennt, fängt auch die Parteiführung an, Rauch zu wittern. Der allmähliche Meinungsumschwung der SPD-Führung in Sachen Grundgesetzänderung ist das jüngste Beispiel dafür. Die FDP läßt sich mehr Zeit – weil sie keine Bürgermeister in den Gemeinden stellt, die die Parteizentrale unter Druck setzen können. Nähe zum Wähler war noch nie ein besonderes Attribut der FDP.

Vom alten Nein der SPD zur Grundgesetzänderung rückte bereits im Herbst 1991 eine Fraktionsarbeitsgruppe mit dem bezeichnenden Namen »Zuwanderung« ab. Die Arbeitsgruppe war zu dem Schluß gekommen, es sei über eine Einschränkung der Rechtswegegarantie im Grundgesetz für Asylbewerber »nachzudenken«.[36] Das wäre auf eine Änderung des Artikels 19 GG hinausgelaufen. Deshalb beschloß das Parteipräsidium denn auch, den Mantel des Schweigens über den abweichlerischen Bericht zu decken. Er durfte nicht veröffentlicht werden. Es blieb, vereinfacht gesagt, beim stillen »Nachdenken«. Was SPD-Politiker tatsächlich zum Thema Asyl äußerten, ließ an Deutlichkeit nichts zu wünschen übrig. Am 8. November 1991 erklärte die stellvertretende SPD-Fraktionsvorsitzende Herta Däubler-Gmelin: »Wer den Artikel 16 ändert, macht einen Kniefall vor Rechtsextremisten.« Auch der frühere Partei- und Fraktionsvorsitzende der SPD, Hans-Jochen Vogel, blieb noch Monate später bei der alten Linie. Am 1. März 1992 verkündete er: Für die Sozialdemokratie sei das Asylrecht des Grundgesetzes »ein Glück ihrer eigenen Identität«. Wer es antasten wolle, würde auch in Zukunft auf ihren entschiedenen Widerstand stoßen.[37]

Einstweilen kam auch die Regierungspolitik nicht voran. Was hatte es mit der vielbeschworenen »Europäisierung« der Asylpolitik auf sich? In Maastricht erlebte Bundeskanzler Kohl damit ein Fiasko. Die EG-Regierungschefs kamen überein, daß die Asylpolitik *nicht* von europäischen Organen gestaltet werden soll. Das tat dem Ruf der Deutschen nach europaeinheitlicher Harmonisierung in Deutschland keinen Abbruch. Freilich gilt es zu erkennen, daß es den Nachbarländern schwerfällt, sich »von Europa« sagen zu lassen, wem sie Asyl zu geben haben und wem nicht. Vorhandene Skrupel könnten von deutscher Seite vor allem damit abgebaut werden, daß deutsche Parteien aufhören, nach einem Individualrecht auf Asyl auf europäischer Ebene zu rufen. Genau das schreckt die anderen europäischen Länder.

Im November 1991 – einen Monat, nachdem der Innenminister einen Entwurf für eine Grundgesetzänderung vorlegte – sprachen sich in einer Allensbach-Umfrage 69 Prozent der Westdeutschen und 64 Prozent der Ostdeutschen für eine Grundgesetzänderung aus.[38] So kam es, daß der SPD-Fraktionsvorsitzende Hans-Ulrich Klose am 12. März 1992 erklärte, eine Verfassungsänderung sei »kein Tabu«. Diese Feststellung traf er allerdings nicht, um den Asylbewerberansturm in Deutschland zu verringern, sondern um das Asylrecht innerhalb Europas zu harmonisieren. Gleichzeitig sollte – schließlich erfolgt ein geordneter Rückzug etappenweise – das »Individualrecht auf Asyl europäisch abgesichert« werden.[39] Diese Forderung lief im Kern darauf hinaus, daß die anderen sich an unserem großzügigen Asylrecht orientieren. Daß es das Individualrecht auf Asyl nur in Deutschland gibt, eben dieses Recht die Wurzel des deutschen Asylübels ist – das zeigt nur, wie irrational die asylpolitischen Argumente der SPD sind.

Diese Nebelpatronen sollten die Aufgaben der alten Position »Das Asylrecht kann nicht angetastet werden« tarnen. Auch auf seiten der FDP wurden Zeichen der Nervosität sichtbar. Die Partei, bisher mit ihrem Dauer-Nein zu einer Asylrechtsänderung mit der Phantasie eines Betonmischers auftretend, befand nun, daß »eine Grundgesetzänderung zu prüfen« sei.[40] Ganz allmählich holten die Parteien die Realität ein. Die im Grundgesetz festgelegte Mitwirkung der Parteien bei der politischen Willensbildung des Volkes scheinen Politiker gelegentlich zu vergessen. Leider sagt das Grundgesetz nichts darüber aus, wie lange die Parteien der politischen Willensbildung im Volk hinterherhinken dürfen.

Die Strafe für das Ignorieren der Wählermeinung bleibt in einer Demokratie aber nicht aus. Der Wähler gibt Radikalen seine Stimme, oder bleibt gleich zu Hause. Das führt dann, wie die Landtagswahlen 1992 in Schleswig-Holstein und Baden-Württemberg zeigten, zu einem Erstarken rechter Parteien und einer beachtlichen Schwächung der Etablierten. Die Umfragen vor den Wahlen waren eindeutig: Die Asylproblematik galt den

Westdeutschen im Februar 1992 neben den Preissteigerungen als wichtigstes politisches Thema. 46 Prozent aller Befragten äußerten sich »sehr besorgt« über den Zustrom von Flüchtlingen.[41] Um so alarmierender war, daß kaum noch jemand den Volksparteien eine Lösung des Problems zutraute: 57 Prozent der Baden-Württemberger und sogar 60 Prozent der Schleswig-Holsteiner hatten »nicht den Eindruck«, daß sich »die Politiker ernsthaft um eine Lösung des Asylantenproblems bemühen«.[42] Und 17 bzw. 15 Prozent waren in dieser Frage »unentschieden«. Nach dem Bekanntwerden dieser Zahlen ging freilich kein Ruck durch die Parteien. Eine Alarmierung fand nicht statt, Gleichgültigkeit oder gar Resignation waren die vorherrschenden Stimmungen. So äußerte der innenpolitische Sprecher der CDU/CSU-Bundestagsfraktion, Gerster, »Verständnis« für die Ansicht der Bürger, die Parteien seien unfähig.[43] Durfte man sich angesichts dieser Entwicklung noch über die »Rebellion der Wähler« wundern?

Die mehr als zehn Prozent der Bürger, die im Norden und Südwesten der Republik am 5. April einer Rechtspartei ihre Stimme gaben, rebellierten vor allem auch gegen einen Asyl-Konsens des Zögerns und Abwartens. Aus Sicht vieler Wähler und Nichtwähler hob sich die CDU in dieser Frage nicht stark genug vom SPD/FDP-Kurs des Verschleppens und nicht endenden »Nachdenkens« ab. Was war aus dem Schäuble-Entwurf einer Grundgesetzänderung geworden? Nichts. Nachdem Schäuble noch 1991 Vorsitzender der CDU/CSU-Fraktion geworden war, nahm er von seinem Werk als Innenminister Abstand. Die ursprünglich vor den Landtagswahlen vorgesehene Bundestagsabstimmung über Artikel 16 und Artikel 24 GG sollte plötzlich doch erst zusammen mit der Ratifizierung des Schengener und Dubliner Abkommens nach den Wahlen stattfinden, hieß es Ende Januar. Bezeichnenderweise protestierte der baden-württembergische Ministerpräsident, Teufel, gegen Schäubles Einlenken. Teufel bedurfte dringend der Unterstützung aus der Bonner Zentrale, wie die oben zitierten Umfrageergebnisse zeigen. Eine Abstimmung im Bundestag hätte dem Bürger die Asyl-Fronten sehr deutlich vorgeführt: CDU für eine Änderung des

Grundgesetzes, SPD und FDP (höchstwahrscheinlich) dagegen. Die SPD, für die erforderliche Zweidrittelmehrheit nötig, wäre als Blockierer gebrandmarkt worden. Die CDU hätte zumindest als treibende Kraft bei der vom Wähler befürworteten Verfassungsänderung dagestanden.

Doch die Abstimmung blieb aus. Teufel warf Schäuble zwar unter Ausschluß der Öffentlichkeit »ehrenrühriges Verhalten« vor; nachdem die Bundestagsfraktion die Verschiebung gebilligt hatte, mußte Teufel allerdings einwilligen, dies nicht in der Öffentlichkeit zu kritisieren.[44] Teufel mußte also erleben, wie seine Partei in der für ihn wichtigsten Wahlkampffrage einen Rückzieher machte. Schäuble brauchte, was er vielleicht fürchtete, den Koalitionspartner FDP nicht vorzuführen. Wendete der Fraktionsvorsitzende damit auch möglichen Schaden für die weitere Zusammenarbeit der Koalition ab, seiner eigenen Partei erwies er keinen guten Dienst: In Stuttgart büßte die CDU 9,4 Prozent ein, sie verlor die absolute Mehrheit und muß fortan mit einem Koalitionspartner regieren. Ironie am Rande: Die FDP konnte ihre 5,9 Prozent halten.

Nach den Wahlen setzte bei CDU und SPD der große Katzenjammer ein. Denn im Kieler und Stuttgarter Landtag haben sich rechte Parteien eingefunden, von denen man nicht wirklich weiß, ob sie in vier Jahren wieder verschwinden. Die Rechts-Wähler zu beschimpfen ist falsch. CDU, SPD und FDP haben sich das Wahlergebnis selbst eingebrockt. Die abspenstigen Wähler lassen sich in Zukunft – wenn überhaupt – nur durch konsequentes Handeln in der Asylpolitik zurückgewinnen. Ankündigungen und halbherzige Kompromisse reichen nicht mehr. Die Wähler werden nur Taten belohnen – bleiben sie aus, wird es zu weiteren Bestrafungsaktionen per Stimmzettel kommen.

So schlimm die Landtagswahlen in Baden-Württemberg und Schleswig-Holstein für die »Etablierten« ausfielen – die Parteien müssen froh sein, daß 1992 keine weiteren Landtagswahlen mehr anstehen: So groß sind die Versäumnisse der Vergangenheit in der Asylpolitik, daß es selbst bei einer überparteilichen Kraftanstrengung schwierig wäre, bald eine Besserung der Zustände herbeizuführen. Zu lange sind offensichtliche Probleme ignoriert worden. Nun kochen sie über. 1982 sagte ich in einer Rede vor dem Bundestag, daß die Halbheiten der Asylpolitik zu einer Gefährdung des inneren Friedens im Lande führen könnten.[45] Daß es tatsächlich so kam, ist bitter. Notwendig war das nicht.

## *Einwanderung per Asylantrag*

Die gesamte Asylpolitik hat etwas Schizophrenes. In der öffentlichen Diskussion kommt es immer wieder vor, daß über »A« gestritten wird, aber »X« gemeint ist. Angeblich geht es immer nur um das Asylrecht, das die einen abschaffen, die anderen ändern und die dritten beibehalten möchten. Am deutlichsten kommt das bei den beiden Lieblingsargumenten von SPD und Grünen zum Ausdruck, mit denen sie eine liberale Asylpolitik verteidigen. Erstes Argument ist stets, Asylrecht sei Menschenrecht. Kein politisch Verfolgter dürfe zurückgewiesen werden. Den Mißbrauch müsse man eben hinnehmen. Diskutiert man über das Ausmaß und die Kosten dieses Mißbrauchs, kommt dann irgendwann das eigentliche Argument, das wirkliche Anliegen: Deutschland brauche alle diese Zuwanderer, um bunter zu werden, um multikulturell zu werden, um nicht zu vergreisen oder sonst irgend etwas. Das aber berührt einen Bereich, der gar nichts mit dem Asylrecht zu tun hat. Gemeint ist das eine, gesagt wird das andere.

Diese absichtliche wie unabsichtliche Vernebelung und Tarnung des Sachverhalts ist leider nicht auf das linke Lager beschränkt. Überall in Deutschland erhalten wesentlich mehr politisch Nicht-Verfolgte als Verfolgte ein Bleiberecht. Die Gründe mögen vielleicht juristisch nachvollziehbar sein, der vielbeschworene »mündige Bürger« versteht sie jedenfalls nicht. Diese Praxis sendet unmißverständliche Signale der Einladung in die

Welt hinaus, heißt Wirtschaftsflüchtlinge aus aller Herren Länder willkommen – während Bund und Landesregierungen gleichzeitig den Mißbrauch des Asyls einschränken wollen und immer wieder beteuern, wie unhaltbar die Zustände geworden seien. Sie kämpfen (je nach politischer Couleur) um eine Einschränkung des Asylrechts. Um dann alle möglichen Nichtasylanten aufzunehmen. Damit kommen bürgerlich-konservative Regierungen letztlich den Motiven »liberaler« Asylrechts-Verteidiger und Einwanderungs-Befürworter entgegen: Die Grünen propagieren die multikulturelle Gesellschaft, CDU und FDP helfen, sie zu verwirklichen, indem ein Ausländergesetz eingeführt wird, das mit seinen Bestimmungen zur »Aufenthaltsverfestigung« von nichtabgeschobenen Ex-Asylbewerbern einem Einwanderungsgesetz gleichkommt – nur, daß Quote und Selektionskriterien fehlen!

Deutschland sei kein Einwanderungsland, heißt es. Mit einer Prise Zynismus kann man dem zustimmen und feststellen, daß die deutsche Offenheit die eines Einwanderungslandes noch übertrifft. Um dies näher zu erläutern, ist ein Blick auf einige Abschnitte des Ausländergesetzes nötig.

Die stille Immigration von abgelehnten Asylbewerbern machen vor allem zwei Paragraphen möglich: Paragraph 30 (Aufenthaltsbefugnis) und Paragraph 35 (Daueraufenthalt aus humanitären Gründen). Die als besonderer Aufenthaltstitel eingeführte Befugnis legalisiert den Aufenthalt von geduldeten Ausländern, die nicht abgeschoben werden. Früher bedeutete die Duldung lediglich die Aussetzung der Abschiebung. Eine Abschiebung war also, bei entsprechender Entwicklung im Heimatland des Ausländers, jederzeit möglich. Heute dagegen kann die Aufenthaltsbefugnis auf jeweils zwei Jahre verlängert werden. Erst nach Ablauf dieser Frist können wieder aufenthaltsbeendende Maßnahmen eingeleitet werden. In dieser Zeit kann der Ausländer eine Arbeit annehmen und Frau und Kinder nachziehen lassen (§ 31). Tut er dies, schafft er damit gleichzeitig Voraussetzungen dafür, überhaupt nicht mehr abgeschoben werden zu können. Das bloße Dasein und Hiersein integriert ihn und verfestigt seinen Aufenthaltsstatus. Früher sagte man, die Beförderung eines Beamten erfolge nach dem Prinzip A plus Z (Arsch plus Zeit). Heute erwirbt sich der Ausländer auf diese Weise ein Bleiberecht.

Nach insgesamt acht Jahren Aufenthalt in Deutschland ist dann gemäß Paragraph 35 die unbefristete Aufenthaltserlaubnis fällig. Hiermit wandelt sich der De-facto-Flüchtling zum anonymen »Ausländer«: Für die bundesrepublikanischen Ausländer-Statistiken ist er fortan als »eingesickerter« De-facto-Flüchtling nicht mehr greifbar. Hier zeigt sich die beispiellose Offenheit der Bundesrepublik gegenüber wilder Immigration. Obwohl die Nicht-Asylanten, die sich in Deutschland verfestigen konnten, mittlerweile in die Hunderttausende gehen, gibt es so gut wie keine behördliche Erfassung der »Ehemaligen«. Dies ist um so gravierender, als die Bundesländer laufend »Altfall«-Regelungen für Geduldete erlassen, die sich erst seit zwei oder drei Jahren in der Bundesrepublik aufhalten.[46] Statistisch gesehen verschwinden die Ex-Geduldeten in der Masse der Ausländer. Eine größere Aufnahme- und Integrationsbereitschaft eines Gastlandes kann man sich nicht vorstellen. Der mit Aufenthaltserlaubnis versehene »Flüchtling« wird nun genauso als Ausländer gezählt wie ein seit 20 Jahren in Deutschland arbeitender Pizzabäcker. Die Aufenthaltserlaubnis ist ein vom ehemaligen Flüchtlingsstatus unabhängiger, neutraler Aufenthaltstitel. Der De-facto-Flüchtling ist zum De-facto-Einwanderer geworden.

Zwar ist die Aufenthaltserlaubnis laut Gesetz erst nach acht Jahren Aufenthalt in Deutschland fällig. Bei genauerem Hinsehen aber beträgt die Immigrationsfrist noch nicht einmal acht, sondern fünf, vier oder noch weniger Jahre. Zunächst einmal wird die Dauer des erfolglosen Asylverfahrens berücksichtigt, die womöglich zwei bis drei Jahre beträgt. Nun bekommt der als Asylbewerber abgelehnte Tamile, Kurde, Afghane, Somali oder Palästinenser eine Aufenthaltsbefugnis, weil die Abschiebung ihm nach Ansicht des Bundesamtes bzw. eines Gerichtes nicht zuzumuten ist. In den folgenden Jahren muß sich der

Ausländer die Befugnis lediglich zweimal oder dreimal verlängern lassen, so daß er acht Jahre Aufenthalt nachweisen kann.

Auch wenn zwischenzeitlich die Gründe für die Nichtabschiebung wegfallen, kann es passieren, daß die Aufenthaltsbefugnis verlängert wird. Der Ex-Flüchtling muß lediglich Arbeit und Wohnung vorweisen können (§ 35, Absatz 1). Der Form halber wird zwar im Paragraphen 34, Absatz 2 des Ausländergesetzes festgestellt: »Die Aufenthaltsbefugnis darf nicht verlängert werden, wenn das Abschiebungshindernis oder die sonstigen einer Aufenthaltsbeendigung entgegenstehenden Gründe entfallen sind.« Allein, Milde muß auch hier möglich sein, deshalb ermöglicht Paragraph 99, Absatz 1 »abweichend von Paragraph 34, Absatz 2« die Verlängerung einer Aufenthaltsbefugnis bei ehemals Geduldeten, die diese Befugnis nach neuem Recht erhalten haben. Schließlich hat sich der Aufenthalt des Ausländers mittlerweile verfestigt. Er darf darauf vertrauen, auch weiterhin zu bleiben. Es ist ein »Vertrauensschutz« entstanden.[47] Im übrigen kommt auch seine vor drei Jahren nachgezogene Familie, von der Acht-Jahres-Frist noch weit entfernt, ebenfalls in den Genuß der Aufenthaltserlaubnis. Unabhängig vom Familienvorstand und seinen Einkünften erhalten Frau und Kinder Bleiberecht.

## Ohne Abschiebung geht es nicht

Viel ist also nicht nötig, um sich auf Dauer in Deutschland niederzulassen. Weder Geld noch besondere Fähigkeiten sind erforderlich. Man muß sich lediglich als »Flüchtling« aus einer unsicheren Weltgegend präsentieren, um zunächst geduldet zu werden. Je länger der Ausländer aber geduldet wird, desto größer sein Anspruch, auch weiterhin geduldet zu werden. Auch diese Schizophrenie hat natürlich überhaupt nichts mit dem Asylrecht für politisch Verfolgte oder den Bestimmungen der Genfer Flüchtlingskonvention zu tun. Es handelt sich vielmehr um bundesrepublikanische Gutmütigkeit, um kollektiven Post-Auschwitz-Altruismus.

Was wird damit aus dem altehrwürdigen Asylrecht gemacht? Asylanten werden aufgenommen, um ihr Leben und ihre Gesundheit zu schützen, um sie vor Gefängnis zu bewahren. Der gesunde Menschenverstand gebietet, daß Asyl nur so lange dauern kann, wie Verfolgung oder Gefährdung des Asylanten anhalten. Politik und Justiz in Deutschland lassen es zu, daß das Asylrecht von einem banalen Gewohnheitsrecht abgelöst wird. Angesichts dieser Praktiken kann von einer Verschärfung oder gar von einer »Demontage« des Asylrechts, über die linke Journalisten gerne lamentieren, nicht die Rede sein. Vielmehr wird das Asylrecht durch das gegenwärtige Duldungs- und Verfestigungsdenken unerheblich. Es spielt keine besondere Rolle mehr. Verwunderlich ist, daß noch niemand auf die Idee kam, das Grundgesetz um einen »Bleiberecht«-Artikel für Ausländer gemäß »Vertrauensschutz« zu erweitern.

Leider wird diese Linie von allen etablierten Parteien verfolgt. Es ist ja nicht so, daß die oben besprochenen Regelungen etwa von einer rot-grünen Bundesregierung im Jahre 1982 möglich gemacht wurden; damals kamen »nur« 37 400 Asylbewerber. Ein weiter liberalisiertes Ausländergesetz (das Aufenthaltsstatus und Abschiebungsmöglichkeiten von Ausländern regelt) wurde vielmehr von CDU/CSU und FDP im Jahre 1990 verabschiedet, als 193 000 Asylbewerber Einlaß begehrten.[48] Sosehr die Christdemokraten heute den politischen Gegner für die Asylmisere verantwortlich machen möchten, es bleibt die schmerzhafte Tatsache, daß *alle* Parteien ein gerüttelt Maß Schuld tragen.

Kaum jemand mag noch bestreiten, daß Deutschland faktisch zum Einwanderungsland geworden ist. Teils durch eine bewußte Duldungs- und Nichtabschiebungspraxis, teils durch Lahmlegung der Institutionen per Massenansturm. So etwa im Falle der echten Asylanten. Von vorübergehendem Schutz, als der das Asyl verstanden werden soll, kann keine Rede mehr sein: Ein anerkannter Asylant bekommt nach Paragraph 29, Absatz 1 des Asylverfahrensgesetzes die unbefristete Aufenthaltserlaubis zugesprochen. Sein weiteres Bleiberecht unterliegt keiner regelmäßigen Überprüfung der Zustände im Herkunftsland. Die unbefristete Erlaubnis garantiert »besonderen Ausweisungsschutz« (§ 48, Ausländergesetz): Der Ausländer kann nur aus »schwerwiegenden Gründen der öffentlichen Sicherheit und Ordnung ausgewiesen werden«. Gefängnisstrafen unter fünf Jahren genügen in der Regel nicht für eine Ausweisung! Eine Regelausweisung sieht Paragraph 47 des Ausländergesetzes erst bei einer Einzelstrafe von mehr als fünf Jahren vor. Selbst wenn der Asylant sich als Rauschgifthändler betätigt hat, was leider nicht selten vorkommt, ist die Ausweisung Ermessenssache – er kann, muß aber nicht ausgewiesen werden. Droht ihm zu Hause weiterhin die politische Verfolgung und somit Gefahr für Leib und Leben, wird dies zum Anlaß, ihn nicht auszuweisen. Er darf mit dem Verbleib in der Bundesrepublik (und der Fortsetzung seiner Dealer-Karriere) rechnen. Hier wird deutlich, daß die Bundesrepublik mit der Daueraufnahme eine Zusage macht, die gravierende Folgen auch für die eigene Bevölkerung haben kann.

Wie das deutsche Ausländerrecht zum Schaden der Deutschen ausgenutzt werden kann, zeigt sich bei Ausländern, die sich unter allen Umständen ein Bleiberecht in der Bundesrepublik sichern wollen: Sie reisen nach Deutschland ein und lassen sich beim Handeln mit Drogen oder beim Drogenkonsum von der Polizei aufgreifen. Wird in ihrem Heimatland solch ein Delikt mit dem Tod bestraft – das ist in einigen Staaten der Fall –, werden sie auf Dauer in der Bundesrepublik bleiben können.

Übrigens können auch Asylbewerber, deren tatsächliche politische Verfolgung noch nicht geklärt ist, erst nach Verurteilung wegen einer »besonders schweren Straftat« (§§ 51, 52 Ausländergesetz) ausgewiesen werden. Angesichts der hohen Zahl von Rauschgifthändlern unter Asylbewerbern ist auch dies ein Versprechen, das die Gesinnung des Staates ehrt, seine Bürger allerdings gefährdet.

Da mit dem Asylbewerberstatus Ausweisungsschutz verbunden ist, bietet es sich für ausländische Straftäter nach der Festnahme an, einen Asylantrag zu stellen – dann können sie nicht abgeschoben werden. Nach Angaben der Polizei ist das nichts Ungewöhnliches. Der eine oder andere Leser mag sich noch an die Verwüstung der iranischen Botschaft in Bonn im Frühjahr 1992 erinnern: Am 5. April stürmten 35 Exil-Iraner die Botschaft, verprügelten Diplomaten und warfen das Mobiliar auf die Straße. Anschließend schlugen sie sich mit der angerückten Polizei. Nachdem die Ordnungshüter den Krawall beendet hatten, stellte sich heraus, daß einer der festgenommenen Perser bereits Asyl beantragt hatte.[49] Zwei weitere gaben an, daß sie das ebenfalls beabsichtigen. Der Bonner Ausländerbehörde blieb nichts, als den beiden die Adresse der Zentralen Anlaufstelle für Asylbewerber in Köln zu nennen.

## *Bleiberecht auch ohne Bleibegrund*

Doch zurück zur Aufenthaltslegalisierung. Mit der unbefristeten Aufenthaltserlaubnis ausgestattet, kann sich der Asylant häuslich einrichten und nach fünf Jahren die Aufenthaltsberechtigung beantragen. Dies ist der stärkste Aufenthaltstitel, die nächste Stufe wäre bereits die Einbürgerung. Was geschieht aber, wenn der Grund seines Asylbegehrens entfallen ist? Darauf gibt es wieder einmal zwei Antworten, die das Auseinanderklaffen von ursprünglicher Absicht des Gesetzgebers und der alltäglichen Praxis verdeutlichen: De jure entfällt mit dem Asylgrund auch die Asylberechtigung, und damit die Aufenthaltsgenehmigung.[50] De facto passiert nichts. Weil das »System« lahmgelegt worden ist: Das für solche Fälle zuständige Bundesamt wird vollständig von Asylbewerbern in Anspruch genommen. Für alles andere bleibt keine Zeit mehr.[51]

Ließe der Asylbewerberansturm abrupt nach, hätte das Bundesamt Zeit zu überprüfen, ob nicht viele in der Bundesrepublik lebende Asylanten mittlerweile wieder in ihre Heimatländer zurückkehren könnten. In ihrem Falle wäre letztlich eine Ermessensentscheidung von der Ausländerbehörde zu treffen. Dabei wurde früher in der Regel so verfahren, daß einfach eine neue Aufenthaltserlaubnis ausgestellt wurde, der Ausländer also blieb. Eine Ausweisung erschien nach jahrelangem Aufenthalt unmenschlich. Lediglich straffällig gewordene Ausländer wurden bei solchen Gelegenheiten ausgewiesen. In der Zukunft wird es sicherlich auch nicht anders sein, falls es überhaupt noch zu einer Überprüfung der Asylgründe kommt. Die durch das Gesetz vorgesehenen Handlungsmöglichkeiten wurden also bereits in der Vergangenheit nicht genutzt. Heute können sie wegen des Ansturms von außen nicht mehr genutzt werden.

Aber ließen sich Asylanten, die in ihrer Heimat nicht mehr verfolgt werden, überhaupt ausweisen, wenn selbst De-facto-Flüchtlinge, die nie verfolgt wurden, in Deutschland bleiben dürfen? Tatsächlich sind ehemalige Geduldete, die sich eine Aufenthaltserlaubnis ersessen haben, sogar besser gegen Abschiebung geschützt als ehemalige Asylanten! Logisch ist das überhaupt nicht mehr nachzuvollziehen. Aber im deutschen Ausländerrecht ist auch dies möglich. Einem Asylanten kann – was durchaus korrekt ist – die Asylberechtigung entzogen werden, wenn die »Voraussetzungen für sie nicht mehr vorliegen« (§ 16 Ausländergesetz, Absatz 1).

Dies wäre der Fall, wenn er auf die Idee käme, in das Land zurückzureisen, in dem er angeblich politisch verfolgt wurde. Genau das kann einem wegen Abschiebungshindernissen Geduldeten, der beispielsweise durch eine »Altfallregelung« die Aufenthaltserlaubnis bekommen hat, nicht passieren: Er darf bis zu sechs Monate Urlaub im Heimatland machen. Denn seine Aufenthaltserlaubnis ist nicht an einen Flüchtlingsstatus geknüpft – schließlich hat er sie sich ehrlich ersessen! So heißt es im Paragraphen 44 Ausländergesetz (Beendigung der Rechtmäßigkeit des Aufenthalts): »Die Aufenthaltsgenehmigung erlischt [. . .] wenn der Ausländer [. . .] ausgereist und nicht innerhalb von sechs Monaten [. . .] wieder eingereist ist.« Natürlich entfällt damit auch nicht das Recht auf deutsche Sozialhilfe. So können Ausländer auf Kosten des deutschen Steuerzahlers Urlaub im

Heimatland machen, in das sie vom deutschen Staat nicht abgeschoben werden konnten, weil dort so unsichere Zustände herrschten! Dies dürfte ein ganz neues Kapitel in der Geschichte abendländischer Wohltätigkeit und uneigennütziger Nächstenliebe darstellen.

Von dieser Möglichkeit machen offenbar vor allem Menschen aus dem Morgenland Gebrauch: In Berlin lebende »Altfall«-Libanesen nutzen Urlaubstouren in der Heimat gern zur Brautschau. Der Hochzeit kann alsbald der Nachzug der Ehefrau in die Bundesrepublik folgen. Die früher geltende einjährige Wartefrist für den Ehegattennachzug ist mit dem neuen Ausländergesetz weggefallen. Und dies, obwohl die Ausländerkonzeption der Bundesregierung klar von einer Begrenzung des weiteren Zuzugs aus Staaten außerhalb der EG spricht. Allerdings wird gleichzeitig – und dies ist offenbar wichtiger! – der Familiennachzug erleichtert. Anspruch und Wirklichkeit klaffen wie so oft in der Ausländerpolitik hoffnungslos auseinander. Man muß schon froh sein, wenn man den »Anspruch« einer Begrenzung der Zuwanderung noch irgendwo entdeckt.

Die jüngeren »ausländerpolitischen Grundpositionen« der Bundesregierung scheinen offiziell zu bestätigen, was sich längst vollzogen hat: Als erstes Ziel der Ausländerpolitik und des neuen Ausländerrechts gilt die »aufenthaltsrechtliche Sicherung der Ausländer, die auf Dauer im Bundesgebiet leben und hier verbleiben wollen«.[52] Wie wir gesehen haben, schaffen es viele, »auf Dauer« hier zu bleiben. Dies wird dazu führen, daß noch mehr kommen, um auf gleiche Weise ein Bleiberecht zu erhalten.

Das Ziel »Begrenzung der Zuwanderung« wird leider erst als »dritte Säule der Ausländerpolitik« genannt. Damit wird immerhin eingeräumt, daß es so etwas wie eine Zuwanderung gibt – obschon gleichzeitig beteuert wird, die Bundesrepublik sei *kein* Einwanderungsland. Die Einwanderer scheinen das anders zu sehen. Kaum jemand will wieder nach Hause . . .

Mittlerweile ist in Polen und in Chile die Demokratie eingekehrt, Libanon ist zur Ruhe gekommen, die Tschechoslowakei und Ungarn haben sich zu demokratischen Rechtsstaaten gewandelt. Doch Polen, Chilenen, Libanesen bleiben in der Bundesrepublik. Allein 270 000 Polen lebten Ende 1991 in der Bundesrepublik, die meisten von ihnen ehemalige Flüchtlinge. Etliche von ihnen dürften der Sozialhilfe zur Last fallen. Da für sämtliche Sozialfälle unter den 500 000 De-facto-Flüchtlingen schätzungsweise eine Milliarde Mark aufgewendet wird, sollte der Staat ein Interesse daran haben, diese finanzielle Belastung zu beenden.

Doch eine Art überparteilicher Konsens scheint auch die Abschiebung Hunderttausender De-facto-Altfälle aus heute sicheren Ländern unmöglich zu machen. Beschlossen wird dies immer wieder, nur ausgeführt wird es dann eben nicht. So beschloß die Ständige Konferenz der Innenminister (IMK) am 14. April 1989, die sogenannten Ostblockbeschlüsse vom 26. August 1966, 26. April 1985 und 3. April 1987 – letzter enthält Sonderregelungen für Polen und Ungarn – aufzuheben. Die IMK stellte fest, daß über Polen und Ungarn hinaus auch die Rückführung von abgelehnten Asylbewerbern aus anderen Ostblockstaaten möglich sei. Von Rückführung sollte im einzelnen Fall abgesehen werden, wenn der Ausländer entweder aufgrund bisheriger Sonderregelungen eine Aufenthaltserlaubnis bekommen oder aber eine Arbeitsstelle hatte oder sich am 14. April 1989 seit acht Jahren als Asylbewerber oder De-facto-Flüchtling im Bundesgebiet aufhielt. Für Väter und Mütter minderjähriger Kinder sollten fünf Jahre ausreichen. Nach Schätzungen wären danach 100 000 Ostblockflüchtlinge abzuschieben gewesen, überwiegend Sozialhilfeempfänger.[53]

Zur großen Rückführungswelle kam es natürlich nicht, da die meisten Bundesländer sogenannte Altfallregelungen erließen, die einen Abschiebestopp für De-facto-Flüchtlinge vorsahen, die sich seit fünf Jahren in Deutschland aufhielten. In Berlin wurde auch das als zu hart empfunden. Der Innensenator, Erich Pätzold, verfügte am 18. Februar 1990, daß niemand abzuschieben sei, der vor dem 1. Dezember 1989 eingereist war. In Berlin wurden also polnische und ungarische Asylbewerber zu »Altfällen«, die erst zweieinhalb Monate zuvor Berlin betreten hatten! Die von der IMK vorgesehene Rückschiebung von ehemaligen De-facto-Flüchtlingen wurde auf diese Weise von Berlin vollständig unterlaufen. Nicht einmal abgelehnte Asylbewerber, die seit Jahren Sozialhilfe empfingen, wurden abgeschoben.[54]

Auch eine andere Berliner Regelung ist es wert, näher betrachtet zu werden: Die »Neuregelung der aufenthaltsrechtlichen Situation von ehemaligen Asylantragstellern und von Ausländern ohne Rückkehrmöglichkeit« vom 20. Juni 1989. Eine deutlichere Einladung an den Rest der Welt, in ein deutsches Bundesland zu kommen und sich dort niederzulassen, ist wohl niemals ausgesprochen worden. Bereits heute, drei Jahre nach dieser von einem rot-grünen Senat verfaßten Neuregelung, die eine Altfallregelung sein sollte, liest sich das Dokument, als hätte es ein Berliner Ausländerbeirat nach einigen Flaschen Sektgenusses verfaßt. Wie gesagt, die Verordnung sprach zunächst all den abgelehnten Asylbewerbern eine Aufenthaltserlaubnis zu, die sich zum »Zeitpunkt der Entscheidung über die Aufenthaltsbeendigung« seit mindestens fünf Jahren in Berlin aufgehalten hatten.[55] Das heißt, daß Geduldete, die aufgrund von politischen Veränderungen in ihrem Heimatland eigentlich hätten ausreisen können, nun statt dessen legal in Berlin bleiben durften, weil sie fünf Jahre da waren. Damit wurden Asylverfahren zur Farce, da lediglich ein fünfjähriger Aufenthalt erreicht werden mußte, um eine Aufenthaltserlaubnis zu erhalten. Angesichts langwieriger Asyl- und Gerichtsverfahren, die durch immer neue verfahrensverzögernde Anträge der Asylbewerber noch weiter in die Länge gezogen wurden, war das kein unlösbares Problem.

Der zweite Teil der Berliner Regelung betrifft zur Ausreise verpflichtete »Ausländer/-innen ohne Rückkehrmöglichkeit«, Menschen aus Krisengebieten. Genannt werden Iraner, Libanesen, Srilanker (Tamilen). Unter gleichen Bedingungen bekamen

Kurden, Palästinenser und Christen und Yeziden aus der Türkei eine Aufenthaltserlaubnis. Ihnen wurde Gruppenverfolgung zugebilligt. Der Innensenator versprach auf diese Weise Millionen von Menschen Bleiberecht bei Erreichen Berlins.

Die genannten Ausländergruppen konnten, so der Berliner Innensenator, »wegen der Verhältnisse in ihrem Herkunftland nicht dorthin abgeschoben werden«.[56] Deshalb bekommen sie alle eine Aufenthaltserlaubnis, sofern sie vor dem 15. Dezember 1989 eingereist sind. Das war gleichzeitig ein Versprechen zur Erteilung der Aufenthaltserlaubnis an all die, die noch einreisen wollten. Die Erlaubnis konnten sie sogar erhalten, ohne auch nur einen Asylantrag zu stellen. Eine interessante Art der Werbung für Berlin! Dieses »Versprechen« verstieß gegen die bundeseinheitlich geltenden Sichtvermerksvorschriften zur Steuerung des Zugangs von Ausländern und öffnete der unkontrollierten Einwanderung Tür und Tor. Entsprechend der Folgeweisung vom 7. Dezember 1989 bekamen nach dem 15. Dezember eingereiste Ausländer keine Aufenthaltserlaubnis, sondern eine Duldung – die naturgemäß nach einer gewissen Zeit zur Erlangung einer Aufenthaltserlaubnis führte.

Die rot-grüne Ausländerbegeisterung ist so groß, daß sie selbst vor Straftätern nicht haltmacht. Im Gegenteil. Macht sich ein nach Berlin als Asylbewerber eingereister Palästinenser oder Kurde strafbar – wird er beispielsweise beim Rauschgifthandel ertappt und muß für ein Jahr hinter Gitter –, wird er wie ein »normaler« Ausländer behandelt! Erst wenn er zu mehr als einem Jahr Haft verurteilt wird, gilt die »Maßgabe, daß zunächst eine auf drei Jahre begrenzte ›Duldung auf Bewährung‹ und erst dann eine Aufenthaltserlaubnis erteilt wird«. Voraussetzung sind lediglich eine günstige Sozialprognose, Unterstellung unter einen Bewährungshelfer und keine weitere Straftat. Das hieß praktisch, daß kein straffällig gewordener Ausländer, auch kein Schwerstkrimineller, in sein Heimatland zurückkehren mußte, wenn diese drei Voraussetzungen vorlagen.

Machen wir uns klar, was das bedeutet: Da reist jemand nach Deutschland ein, weil er angeblich in seiner Heimat politisch verfolgt ist. Es stellt sich heraus, daß er in Wahrheit *keiner* Verfolgung ausgesetzt war. Er darf dennoch bleiben, da der Aufenthalt in seinem Heimatland in der einen oder anderen Weise gefährlich ist. Dieser Gefahr, der noch Millionen zurückbleibender Menschen in dem Land ausgesetzt sind, möchte man dem in Deutschland eingetroffenen einzelnen nicht aussetzen. Er bekommt Aufenthaltsrecht und staatliche Unterstützung in Deutschland. Nun wird der Ausländer straffällig. Sein Aufenthalt hat also das Gastland geschädigt – was aber nicht heißt, daß das Land ihn nun schnell loswerden möchte. Er bekommt Gelegenheit, sich zu bewähren und an Resozialisierungsmaßnahmen teilzunehmen. (Auch für die notwendigen Bewährungshelfer kommt selbstverständlich der Steuerzahler auf.)

Wer glaubt, daß im Falle einer erneuten Straftat sein Stündchen dann endgültig geschlagen habe, ist nicht mit Berliner Verhältnissen im allgemeinen und rot-grüner Milde im besonderen vertraut: Wird der Ausländer nach der Haftentlassung abermals straffällig, so muß er diesmal zu mehr als sechs Monaten Haft verurteilt werden, um endlich sein Aufenthaltsrecht zu verwirken. Und nun kommt die Kirsche auf dem Kuchen: Selbst wenn die Haftstrafe mehr als sechs Monate beträgt, wird der Straftäter nicht etwa sofort abgeschoben, nein, er bekommt nun weitere drei Monate Zeit: »Mit der Ausreiseaufforderung wird eine Ausreisefrist von drei Monaten eingeräumt.« Reichlich Zeit, um doch noch abzutauchen und weiterhin im Lande zu bleiben.

Der rot-grüne Senat verteidigte seine Maßnahmen unter anderem damit, daß es sich lediglich um eine Fortführung der Altfallpolitik des vormaligen Innensenators Kewenig (CDU) handele. Das ist eine zweifelhafte Behauptung, denn eine entsprechende Kewenig-Weisung vom Oktober 1987 bezog sich ausschließlich auf Altfälle, auf Geduldete, die sich bereits seit sechs Jahren in Berlin aufhielten. Die Pätzold-Weisung dagegen legte als Stichtag einen Termin sechs Monate nach Weisungserlaß fest. Dies hatte eine Einwanderung zur Folge – oder soll man sagen: zum Ziel? Die Zahlen sprechen für sich: Nach Mitteilung des Statistischen Landesamtes betrug die Zahl der melderechtlich in Berlin

(West) am 30. Juni 1990 registrierten Ausländer rund 305 000. Damit war die Zahl der in Berlin lebenden Ausländer in anderthalb Jahren um mehr als 35 000 gestiegen. Nicht enthalten in dieser Zahl waren mindestens 10 000 Asylbewerber, die sich zum gleichen Zeitpunkt in der Stadt aufhielten.

War auch die Konzeption der Kewenig-Weisung eine ganz andere, so soll nicht verschwiegen werden, daß auch unter Kewenig nicht mit der notwendigen Konsequenz diejenigen abgeschoben wurden, denen kein Bleiberecht zuteil werden sollte. Die Altfallregelung vom 6. Oktober 1987 gewährte etwa 4000 Personen Bleiberecht. Nachdem die Berliner Altfälle derart »geregelt« waren, blieben noch 269 Geduldete übrig. Sie hätten ausgewiesen werden müssen. Allein, neun Monate später waren sie immer noch da. Dies war Anlaß für den CDU-Fraktionsvorsitzenden im Schöneberger Rathaus, Dankward Buwitt, den Innensenator seiner eigenen Partei aufzufordern, die 269 Personen abzuschieben.[57] Daß es zu dieser Abschiebung gekommen ist, ist unwahrscheinlich: Wieder einige Monate später gewannen SPD und Grüne die Wahlen zum Abgeordnetenhaus, eine kurze rotgrüne Ära begann.

Der rot-grüne Berliner Senat war »Vorreiter« anderer, gleichgesinnter Länderregierungen. Eine große Rückführungsaktion von Geduldeten wäre eigentlich zum 1. Januar 1991 durch eine Bestimmung des neuen Ausländergesetzes fällig geworden: Paragraph 54 besagt, daß das Einverständnis des Bundesinnenministers für die Fortgeltung von Länder-Sonderbestimmungen zur Duldung bestimmter Gruppen nötig ist. Der damalige Innenminister Wolfgang Schäuble gab diese Zustimmung grundsätzlich nicht. Damit signalisierte er zum einen, daß nach Abschluß des Asylverfahrens auch Abschiebungen durchzuführen seien. Zum anderen sollte generell Bundeseinheitlichkeit hergestellt werden, die »Gruppenregelung« nach Paragraph 54 (die individuelle Verfolgung muß nicht glaubhaft gemacht werden, da eine ganze Ethnie/Minorität pauschal von Verfolgung betroffen ist) fortan auf wenige dringende Fälle beschränkt bleiben. In diesem Sinne einigten sich Bund und Länder, Paragraph 54 in Zukunft auf einreisende Tamilen aus Sri Lanka, Afghanen und irakische Kurden zu beschränken. Diese Gruppen werden also nicht abgeschoben.[58]

Blieben noch Äthiopier, Iraner, Palästinenser aus Libanon und andere, die in den Genuß von Sonderregelungen der Länder gekommen waren. Äthiopier, so müßte man meinen, könnten nun nach Hause geschickt werden, da der Bürgerkrieg in ihrem Heimatland beendet ist und die Lage sich beruhigte. Diese vom gesunden Menschenverstand eingegebene Annahme erwies sich angesichts deutscher Verfahrensweisen allerdings wieder einmal als zu optimistisch. Vielmehr erarbeiteten Bund und Länder nun Altfallregelungen, die den Aufenthalt der Geduldeten legalisierten. Ein Rundschreiben des Bundesinnenministers an die Länder vom 14. Mai 1991 sah vor, allen vor dem 31. Dezember 1985 Eingereisten eine Aufenthaltsbefugnis zu erteilen. Dies erschien den Ländern aber zu hart. Bei einer Zusammenkunft von Vertretern der Landesregierungen im Bundesinnenministerium am 16. Juli 1991 wurde als neuer Stichtag der 31. Dezember 1988 festgesetzt. Der Stichtag ernannte Geduldete zu Altfällen, die erst vor zweieinhalb Jahren eingereist waren!

Auch mit dem Abschieben hatte man es nicht eilig. Die Äthiopier beispielsweise bekamen eine sechsmonatige Ausreisefrist zugesprochen. Sie sollte natürlich nicht sofort, sondern ab dem 1. Oktober 1991 beginnen. Jeder der Äthiopier konnte sich also noch acht Monate lang in der Bundesrepublik aufhalten und Sozialhilfe einfordern, was pro Kopf etwa 8000 Mark an Kosten verursachte.

Eine Art »totaler Altfall« scheint zur Zeit führenden Politikern von FDP und SPD vorzuschweben. Mit Verweis auf die Viertelmillion anhängiger Verfahren im Asyl-Bundesamt forderte der innenpolitische Sprecher der FDP-Bundestagsfraktion, Burkhard Hirsch, am 18. März 1992, daß »eine Altfallregelung getroffen werden muß, um einen Neuanfang zu ermöglichen«.[59] Ein sauberer Schnitt, sozusagen! Alle, die schon hier sind und das »Asylsystem« lahmlegen, sollen bleiben dürfen. Dann kann das System die Arbeit wieder aufnehmen, um erneut Altfälle zu produzieren. Eine wirkliche Altfallregelung hat natürlich nur Sinn, wenn nicht erneut gleiche Fälle produziert werden, das heißt, die Voraussetzungen für eine solide Altfallregelung, die diesen Namen verdient, wäre eine grundlegende Neuordnung des Asylrechts. Davon kann derzeit keine Rede sein. Wenn sich in drei Jahren wieder 250 000 unerledigte Fälle angesammelt haben, soll dann vielleicht der nächste Total-Altfall kommen? Hirsch wäre es wahrscheinlich recht, denn er weist immer wieder darauf hin, daß wir auf »Einwanderer angewiesen sind«.[60] Zweifellos funktioniert das mit der Verteilung von Aufenthaltserlaubnissen an Asylbewerber am schnellsten.

Andeutungen in Hirschs Sinne machte auch Herta Däubler-Gmelin, stellvertretende Vorsitzende der SPD-Bundestagsfraktion. Am 21. Februar 1992 stellte sie im Bundestag fest, die »250 000 bislang unerledigten Asylanträge bedürften einer besonderen Stichtagsregelung, die auch die Interessen der Länder und Gemeinden berücksichtige«.[61] Wie solch eine Stichtagsregelung unter Berücksichtigung der Gemeinde-Interessen wohl aussehen könnte, sagte sie vorsichtshalber nicht, denn sechs Wochen später wurde in Baden-Württemberg und Schleswig-Holstein gewählt. So lehnte Däubler-Gmelin es ab, zu präzisieren, ob »sie für eine Regelung eintritt, aus der sich pauschales Bleiberecht für Asylbewerber ergäbe, deren Verfahren bis zu dem Stichtag nicht abgeschlossen sei oder die zu einem bestimmten Zeitpunkt bereits in Deutschland waren«.[62] Es sei am Bundesinnenminister, dazu Vorschläge zu machen, meinte sie.

In SPD und FDP scheint es Übereinstimmung zu geben, nach einer in einzelnen Ländern »erprobten« Verfahrensweise die Asyleinwanderung auf Bundesebene ruckartig zu beschleunigen, um nicht zu sagen, zu besiegeln. Solche Vorstellungen dürften auch die Grünen unterstützen. Das läßt Rückschlüsse auf die Folgen eines etwaigen rot-gelben oder rot-grün-gelben Wahlsieges 1994 zu: Durchaus möglich, daß dann die totale Altfallregelung proklamiert wird.

## Der Staat muß die Initiative zurückgewinnen

Politiker aller Parteien geben inzwischen zu, daß die vielzitierten Väter des Grundgesetzes den heutigen Asylansturm nicht hatten voraussehen können. Sonst hätte man damals vermutlich einiges anders eingerichtet. Aber die moderne Duldungs- und »Verfestigungs«-Praxis war von den Grundgesetzgebern mit Sicherheit ebenfalls nicht vorgesehen. Es ist eine traurige, aber bemerkenswerte Tatsache, daß diese Haltung von allen etablierten Parteien getragen wird (von den Parteien wohlgemerkt, von den Wählern nicht).

Es ist dringend notwendig, daß die deutsche Politik in Sachen Einwanderung die Gestaltungsinitiative zurückgewinnt. Das heißt allerdings *nicht,* blauäugig nach einem Einwanderungsgesetz zu rufen – und die real existierende wilde Immigration zu ignorieren. Damit würde man einem alten Problem nur einen neuen Namen geben. Ein Einwanderungsgesetz ohne Regelung der Asylproblematik würde manchen Politologen in den Parteien zufriedenstellen, aber beim Wähler die vielzitierte Politikverdrossenheit zur Wut auf das ganze »System« steigern. Die Beseitigung der Asylimmigration muß der staatlich geförderten Einwanderung vorausgehen: Bevor an regulierte Öffnung der Türen gedacht wird, müssen erst einmal die Fenster geschlossen werden! Fromme Sprüche wie »Deutsche und Ausländer müssen aufeinander zugehen« sind sinnlos, solange genau dies das Problem ist: daß Hunderttausende auf uns zukommen, und wir, obschon auf unserem eigenen Grund und Boden, dagegen nichts tun können (oder dürfen?).

Das Unangenehme an der Asylmisere ist, daß sich dieses Problem von allein nicht lösen wird. Es bedarf politischer Gestaltung. Denn der Andrang wird andauern. Das Ende des Ost-West-Konflikts hat begrenzte Kriege wieder führbar gemacht. Insbesondere Bürgerkriege scheinen häufiger zu werden. Damit steigt die Zahl potentieller De-facto-Flüchtlinge, die in Europa ein besseres Leben suchen. Das müssen wir uns klarmachen. Die gegenwärtige Bleibequote von 30 bis 40 Prozent eines jeden Zuwanderer-Jahres (Illegale nicht eingerechnet!) könnte sonst weiter steigen. Neuere Zahlen bestätigen dies.

In Niedersachsen reisten im ersten Halbjahr 1991 von 5527 zur Ausreise verpflichteten Ex-Asylbewerbern nur 23 Prozent nachweislich aus.[63] 17 Prozent tauchten ab. Der Rest blieb aus den verschiedensten Gründen. 21,4 Prozent wurden geduldet, und bei 25,7 Prozent war die »Aufenthaltsbeendigung vorübergehend noch nicht möglich«.[64] Als Gründe werden »z. B. Krankheit, Petition, fehlende Papiere« genannt. Gerade Petitionen sind ein treffliches Mittel, die Ausreise weiter hinauszuzögern.

Auch ein Blick auf Hamburg zeigt, wie beliebt dieses Mittel geworden ist. 1988 hielten sich 11 000 Asylbewerber in Hamburg auf, an die Bürgerschaft wurden 112 Petitionen gerichtet. Zwei Jahre später waren es 20 100 Asylbewerber und 330 Petitionen. Mittlerweile richten Rechtsanwälte die Eingaben formularmäßig und mit quasi standardisierter Begründung an die Bürgerschaft. Sie haben selten Aussicht auf tatsächlichen Erfolg. Doch beträgt die durchschnittliche Verfahrensdauer vom Eingang der Eingabe bis zur Beschlußfassung durch den Eingabenausschuß sieben Wochen.[65]

Die Petitionen erfüllen offenbar ihren »Zweck«: Verlängerung des Aufenthaltes. Auf diese Weise wird der Rechtsstaat mit seinen eigenen Mitteln matt gesetzt. Die ebenso raffinierte wie rücksichtslose Ausschöpfung aller Mittel des Rechtsstaates führt zu einer Verlängerung des Aufenthalts, die ihrerseits ein dauerhaftes Bleiberecht begründen soll. Die grenzenlose Milde der Hamburger Behörden tut ihr übriges: So wurden selbst Petitionen von Asylbewerbern bearbeitet, die eigentlich nach Thüringen verlegt worden waren und illegal nach Hamburg zurückkehrten. Vor ihrer erneuten Verlegung mußte das Petitionsverfahren zunächst abgeschlossen werden: »Der Senat gedenkt, die Zuweisungsbescheide gegenüber den aufgegriffenen Asylbewerbern – ggf. nach Abschluß der Petitionsverfahren – durchzusetzen.«[66]

## *Einwanderung – Alternative zum Asyl?*

Ausführungen zum Thema Einwanderung und Flüchtlingsaufnahme sollten die Praxis in echten Einwanderungsländern nicht unberücksichtigt lassen. Tatsächlich nimmt Deutschland mittlerweile so viele Flüchtlinge auf, daß ein Vergleich mit den USA, Kanada und Australien nicht nur möglich, sondern notwendig erscheint. Und sei es nur, um die Annahme bestätigt zu finden, daß das »Nicht-Einwanderungsland« Deutschland seine Aufnahmebereitschaft hoffnungslos überstrapaziert.

Die Vereinigten Staaten nahmen 1986 602 000 Menschen auf.[67] Ein Sechstel davon waren Flüchtlinge. Etwa ebenso groß – 100 000 – war die Zahl der Asylbewerber, die Deutschland damals verzeichnete. Damals betrug die Anerkennungsquote beim Bundesamt 15,9 Prozent. Setzen wir (als Erfahrungswert) zusätzlich die Hälfte dieser Zahl als verwaltungsgerichtliche Anerkennung an, und zählen wir etwa 25 Prozent an Geduldeten und Heiratenden hinzu, ergibt sich eine (vorsichtig geschätzte) Zahl von ungefähr 50 000 Personen, die in Deutschland blieben. Gleichzeitig kamen 43 000 Aussiedler aus Osteuropa. Die offizielle Wanderungsstatistik wiederum verzeichnet den legalen Zuzug von 131 000 Ausländern.[68] Hiervon müssen Asylbewerber bzw. Asylanten subtrahiert werden, die eine Wohnung bezogen, da sonst eine Doppelzählung mit den Ausländern aus der Wanderungsstatistik entstünde.[69] Angesichts der durchschnittlichen Asylverfahrenslänge von mehreren Jahren dürfte das höchstens ein Drittel der 131 000 Statistik-Zuwanderer gewesen sein; »Altfälle« hinzugenommen, darf man wohl annehmen, daß etwa 45 000 Statistik-Zuwanderer auf Asylbewerber und Asylanten mit Haushaltsgründung entfallen. Blieben etwa 85 000 Familiennachzüge. Somit hätte die Bundesrepublik 1986 knapp 180 000 Menschen aufgenommen (Deutsche aus der DDR nicht mitgerechnet), weit mehr als ein Viertel des Einwanderungskontingents der USA, die 1986 eine viermal so große Bevölkerung hatte wie die Bundesrepublik. Im Verhältnis zur Einwohnerzahl nahm Westdeutschland also sogar mehr Menschen auf als die Vereinigten Staaten.

Was unterscheidet das traditionelle Einwanderungsland USA von Deutschland? In Amerika ist reichlich Platz vorhanden. Auf dem Gebiet der Vereinigten Staaten fände die alte Bundesrepublik 37mal Platz. Nun mag man einwenden, daß die wenigsten amerikanischen Immigranten in die Wälder oder in die Prärie ziehen, sondern sich wie in Deutschland in die Städte drängen. Das stimmt zwar. Nur ist es eben ein Unterschied, ob Städte wie Düsseldorf oder München sich ins Umland fressen und knapper Erholungsraum zubetoniert wird oder ob sich ein Moloch wie Los Angeles noch weiter in die leere Steppe ausdehnt.

Zwei Jahre später hatte sich dieser Trend verstärkt. Amerika nimmt 643 000 Menschen auf, darunter 82 000 Flüchtlinge. Deutschland nimmt 203 000 Aussiedler auf, 103 000 Menschen stellten einen Asylantrag. Die Anerkennungsquote beim Bundesamt betrug in diesem Jahr 8,6 Prozent; setzen wir (gerichtliche Anerkennungen eingeschlossen) eine Bleibequote von 40 Prozent an, entspräche das 40 000 Asylanten und Geduldeten an Neuzugängen. Die Wanderungsstatistik verzeichnet für dieses Jahr ein Plus von 289 000 Zuzügen.[70] Rechnen wir hiervon wieder ein Drittel an Asylbewerbern, Asylanten und Geduldeten mit eigener Wohnung ab, bleiben etwa 195 000 Wanderungs-Zuzüge. Alles in allem ist die Zahl von 440 000 De-facto-Einwanderern sicher nicht zu hoch angesetzt. Das sind zwei Drittel der amerikanischen Einwanderungszahlen! Und mit 40 000 Asylbewerbern nahm die Bundesrepublik halb so viele Flüchtlinge auf wie die Vereinigten Staaten. Umgerechnet auf die Bevölkerungszahl (vom Territorium ganz zu schweigen), nahm Deutschland bereits 1988 doppelt so viele Flüchtlinge auf wie die USA.

Noch einwanderungsfreundlicher präsentiert sich Deutschland dann weitere zwei Jahre später. Im Jahr 1990 kamen 397 000 Aussiedler und 193 000 Asylbewerber. Eine Bleibequote von

35 Prozent angesetzt (die Anerkennungsquote betrug lediglich 4,4 Prozent), wäre das ein asylbedingter Zuzug von 65 000 Personen. 370 000 Ausländer kamen laut Wanderungsstatistik.[71] Zieht man ein Drittel ab, bleiben 260 000 Menschen. Die Zahlen der einzelnen Gruppen addieren sich zu ungefähr 725 000 Neuzugängen! Eine Ausnahmezahl? Vielleicht. Allerdings leben noch etwa dreieinhalb Millionen Deutsche in Osteuropa, von denen man weiß, daß sie auf gepackten Koffern sitzen. Und der Familiennachzug zu Ausländern in der Bundesrepublik dürfte schon allein deshalb hoch bleiben, weil es hier bereits eine beträchtliche ausländische Population gibt. Eine Nachzugs-Eigendynamik wäre nicht gerade überraschend. Der Gesetzgeber tut auch wenig, um dem entgegenzuwirken, im Gegenteil. Was Asylbewerber betrifft, so sprechen die gegenwärtigen Zahlen für sich. 1992 wird wiederum einen neuen Rekord von Asylanträgen bringen, im ersten Halbjahr waren es bereits 187 455. Zieht man davon die Asylbewerber aus dem ehemaligen jugoslawischen Staatsgebiet ab, bleiben immer noch 115 040 Personen. Im ersten Halbjahr 1991 waren es – ohne Jugoslawen – »nur« 76 035 Asylbewerber. Dies ist ein Anstieg von mehr als 50 Prozent! Entgegen einer besonders von Fernsehjournalisten verbreiteten Meinung ist es also nicht nur die Flüchtlingswelle aus dem Balkan, die die Zahl der Asylbewerber in Deutschland in die Höhe treibt.

## Doppelt so viele Zuwanderer wie Australien und Kanada zusammen

An das Einwanderungsland USA rückte die Bundesrepublik mit dem Ergebnis von 1990 nur deshalb nicht noch weiter heran, weil Amerika ebenfalls eine außergewöhnlich hohe Zahl von Menschen aufnahm: 1,536 Millionen, davon 97 000 Flüchtlinge. Das war das Doppelte der deutschen Einwanderung. Genügen diese Zahlen schon, um für Verwunderung zu sorgen, dann fällt der

Vergleich mit den beiden anderen großen Einwandererstaaten Kanada und Australien noch deutlicher aus. 1986, als ungefähr 45 000 Asylbewerber in Deutschland Fuß fassen konnten, nahm Australien gerade einmal 12 000 Flüchtlinge auf.[72] Insgesamt wanderten 100 000 Menschen ein – während Deutschland 180 000 Zuzüge hatte. Und Kanada verzeichnete lediglich 99 000 Einwanderer, Flüchtlinge inbegriffen![73] Mit einer Bevölkerung von 25 Millionen (1986) nahm das vierzigmal größere Kanada nur etwa halb so viele Ausländer auf, wie die Bundesrepublik verkraften mußte.

Bereits vor sechs Jahren mußte Deutschland also bereits soviel Immigranten verkraften wie Kanada und Australien zusammen. 1988 verzeichnete der fünfte Kontinent 135 000 Einwanderer, die Bundesrepublik aber 440 000. 162 000 wanderten nach Kanada ein. Westdeutschland verzeichnete eine um ein Drittel höhere Immigration als die klassischen Einwandererländer Australien und Kanada! Noch unglaublicher wird es 1990: Die australische Einwanderungszahl liegt immer noch bei 129 000 – 18 Prozent der deutschen Zuwanderung! 213 000 Menschen wandern nach Kanada ein. Das bedeutet, daß Australien und Kanada zusammengenommen 1990 nicht einmal halb so viele Einwanderer hatten wie Deutschland. Auch die knapp 12 000 Flüchtlinge, die 1990 in Australien Zuflucht fanden, sind nur 18,5 Prozent der deutschen Zahl von etwa 65 000. Zählt man zu den 12 000 die 40 000 Flüchtlinge Kanadas in diesem Jahr hinzu, so bleibt das Ergebnis immer noch unter der deutschen Flüchtlings-Aufnahmezahl. Diese Verteilung der Flüchtlingslasten erscheint noch unangemessener als die ungleichen Einwandererströme.

Während Einwanderer Chancen suchen und nach Wohlstand streben, der in allen westlichen Ländern vorhanden ist, brauchen Flüchtlinge lediglich Schutz vor Verfolgung und etwas Platz. Warum muß Deutschland 65 000 Flüchtlinge aufnehmen, wenn ein Land wie die USA im selben Jahr lediglich 97 000 Flüchtlinge aufnimmt?

Es kann nicht angehen, daß wir bei der Aufnahme von Zuwanderern permanent die großen Einwandererländer übertreffen.

Die wilde Asylzuwanderung muß endlich auf den Kern von eigentlichen Asylanten beschränkt werden. Das sind jährlich 10 000 bis 20 000 Menschen, deren Aufnahme sich verkraften läßt. Mit dieser Zahl würde sich Deutschland auch wieder in die herkömmlichen Größenordnungen bei der Aufnahme von Flüchtlingen einfügen; es gibt also nicht den geringsten Grund, bei dieser Zielvorstellung ein schlechtes Gewissen zu haben.

Heiner Geißler hat nicht ganz unrecht, wenn er sagt: »Deutschland ist längst wie Amerika, nur unter ungünstigeren Bedingungen, ein Einwanderungsland geworden. Der Unterschied zu Amerika besteht darin, daß die Amerikaner ein Konzept haben und wir nicht.«[74] Ist die wilde Immigration erst einmal gestoppt, kann eine Legalisierung und womöglich Förderung einer begrenzten Einwanderung folgen: Ein Einwanderungsgesetz wird möglich. Das ist schon deshalb wünschenswert, weil dann nicht mehr jeder Mittellose sich hier auf Dauer niederlassen kann, um alsbald dem Staat auf der Tasche zu liegen.

Von Geißler ist leider auch das Argument zu hören: Einwanderung erzeuge in Deutschland keinen Mangel an Wohnraum und Arbeitsplätzen, weil die Deutschen ohnehin weniger werden; Einwanderung sei geradezu notwendig, um die zu erwartenden Lücken zu schließen. Soll sich aber eine relativ homogene Nation um materieller Vorteile willen freiwillig Rassenprobleme aufhalsen – mit denen, so der Verhaltensforscher Irenäus Eibl-Eibesfeldt, sich erst die nachfolgenden Generationen herumzuschlagen hätten?[75] Höhere Beiträge zur Rentenversicherung sind für die Gesellschaft erträglicher als Rassenkonflikte.

Die Überalterungsprobleme europäischer Industriestaaten sind kaum durch Zuwanderung zu lösen. Fest steht, daß ein »Ausgleichen« deutscher Generationslücken durch junge Ausländer eine Einwanderung erfordern würde, mit der Deutschland sein Gesicht völlig verändern würde. Der Europakoordinator des Hohen Flüchtlingskommissars der Vereinten Nationen machte für Schweden folgende Rechnung auf: Die Alterspyramide würde sich in diesem Land nur dann normalisieren, wenn jedes

Jahr 100 000 Einwanderer kämen, und dann auch erst im Laufe eines Jahrhunderts.[76] Da Deutschland ein Mehrfaches an Einwohnern hat, wären hier demnach jährlich 300 000 bis 500 000 junger Zuwanderer nötig.

## Wenn schon Einwanderung, dann aus Europa

Wie aus dem Problem namens Asyl eine Notwendigkeit namens Einwanderung zu machen sei, überlegten Politiker und Publizisten verstärkt nach den Landtagswahlen in Baden-Württemberg und Schleswig-Holstein. Deutschland vergreist, so hören wir, also machen wir doch aus den Asylbewerbern einfach Einwanderer. Ein Einwanderungsgesetz würde auch das verstopfte Asylverfahren wieder funktionsfähig machen: Immigranten müßten sich nicht mehr als Asylbewerber ausgeben. Solche Überlegungen – vor allem von SPD, FDP, aber leider auch von Teilen der CDU zu hören – sind ein Musterbeispiel dafür, wie man an aktuellen Problemen scheitern kann, um das Scheitern dann als Weitsicht auszugeben: Geißler, Hirsch und andere Multi-Kulti-Ideologen lenken unsere Aufmerksamkeit schon heute auf das »Jahr 2010«, wenn unsere »Sozialsysteme« aufgrund der kopfstehenden Alterspyramide nicht mehr zu finanzieren sind.[77]

Die heutige Not beziehungsweise Unfähigkeit, die Probleme zu lösen, will man in die Tugend der Weitsicht umdeuten. Nachdem es die Politiker der Volksparteien während der vergangenen zwölf Jahre versäumten, das Asylproblem erstens wahrzunehmen und zweitens zu entschärfen, machen einige dieser Politiker nun einen großen Sprung, und landen nicht etwa in der Misere des Jahres 1992, sondern im Rentenelend des nächsten Jahrtausends. Nach dem Motto: Erst verschlafen, dann allen anderen davongelaufen. Zurück bleibt eine immer stärker verunsicherte Bevölkerung, die gar nicht multikulturell werden möchte. Die empfindet es als Verhöhnung, wenn ihr sozialhilfeempfangende, Sozialwohnungen blockierende Asyltouristen fortan als Einwanderer verkauft werden sollen – denn, das erkennt der vielzitierte Mann auf der Straße wohl noch besser als der Parteistratege im Raumschiff Bonn, auch solche Einwanderer werden Sozialhilfe und Sozialwohnungen in Anspruch nehmen. Die überwiegend nicht Deutsch sprechenden Kinder werden in der Schule selbstverständlich neben deutschen Kindern sitzen. Je mehr des Deutschen unkundige Ausländer in einer Klasse, desto mehr sackt zwangsläufig das Unterrichtsniveau ab – was jeder Hauptschullehrer bestätigen wird.

Die Bekenntnisse prominenter Politiker zum offenen Einwanderungsland, zu einer multikulturellen Gesellschaft unterscheiden sich merklich von dem, was diese Retter der Renten den angehenden Rentnern vor Wahlen erzählen. Wirbt die FDP vor Landtags- oder Bundestagswahlen etwa mit Slogans nach dem Motto »Wir sind auf Einwanderer angewiesen – Bleiberecht für alle«? Diese Forderung ergibt sich, wie gesagt, aus Altfallvorschlägen des FDP-Politikers Hirsch. Hirsch war es auch, der bei einer Bundestagsdebatte erklärte, seine Partei wolle die Vorstellung überwinden, Westeuropa lasse sich als Wohlstandsinsel erhalten: »Das wird nicht funktionieren, und wir wollen es auch nicht.«[78] Das sollte die Partei ihren Wählern aber deutlicher sagen. Vielleicht gibt es ja doch noch einige Deutsche, die ihren Wohlstand nicht mit einer Milliarde Inder teilen möchten. Schließlich ist diese Wohlstandsinsel nicht eines Tages aus dem Meer aufgetaucht. Der Wohlstand in Westeuropa ist das Ergebnis harter Arbeit vieler Generationen.

Auch die SPD sollte ihre Vorstellungen von massenhafter Armutseinwanderung aus aller Welt den Menschen deutlicher mitteilen. Herta Däubler-Gmelin fiel zur Blockade Zehntausender von Sozialwohnungen durch Asylbewerber und Geduldete ein, daß das eigentliche Problem die unzureichende Wohnungsbaupolitik der Bundesregierung sei. Hätte die Regierung eben mehr Sozialwohnungen für Flüchtlinge bauen müssen. Der SPD-Bundestagsabgeordnete Günter Verheugen forderte im Bundestag, Wirtschaftsflüchtlinge zu »akzeptieren«: Die Schuld für das

Elend der »Dritten Welt« und die Flüchtlingsströme liege bei den reichen Ländern des Nordens.[79] Auch unter den SPD-Wählern dürfte es viele Menschen geben, die diese Schuldkomplexe nicht teilen. Um so bedauerlicher, daß die Parteien nicht in Wahlkämpfen mit ihren Vorstellungen von Masseneinwanderung werben. Auf daß der Wähler entscheide.

Doch eine Abstimmung der Deutschen über eine zu errichtende Immigrations-Multikultur wollen die Politiker vermeiden. Das ist seltsam! Laut Grundgesetz geht alle Staatsgewalt vom Volke aus. Wann also soll dieses Volk mit der Einwanderungsfrage konfrontiert werden? Seit Jahren lassen Bundesregierung wie Bundesländer eine wilde Immigration zu. Daß es dafür ein Mandat von den Wählern gab, ist zumindest zweifelhaft. Freilich, so ließe sich argumentieren, eine Schutz- und Aufnahmepolitik im Sinne christlich-humanitärer Tradition bedarf nicht jeweils einer demokratischen Bestätigung. Selbst wenn das so wäre, so bedarf doch eine bewußte Einwanderungspolitik sehr wohl eines nationalen Konsenses. Die Deutschen müssen selbst entscheiden dürfen, mit wem sie auf Dauer zusammenleben wollen. Wozu wäre eine Demokratie sonst gut?

Einwanderung ja oder nein, das ist eine Schicksalsfrage für eine Nation. Zumal wenn die Immigration aus Bereichen ganz anderer Kulturen erfolgt, wenn fremde Ethnien einwandern. Rassenkonflikte sind allgegenwärtig auf der Welt. Selbst in hochzivilisierten, urdemokratischen Musterländern wie Frankreich und den USA kommt es immer wieder zu blutigen Auseinandersetzungen zwischen Schwarz und Weiß, Braun und Gelb. Vom Schlachtfeld Balkan gar nicht zu reden! Dort spielt noch nicht einmal die Hautfarbe eine Rolle, Religion und Sprache genügen, aus Nachbarn Todfeinde werden zu lassen. Wer also dem deutschen Volk Einwanderung verordnen möchte, sollte die Menschen zuvor *fragen,* ob ihnen »sichere Renten« mögliche Rassenkonflikte wert sind.

Einwanderungsquoten lassen sich nicht verordnen wie eine Portoerhöhung. Einwanderung hat Folgen. Wer in dieser Frage am Volk vorbeiregieren will, wird einen politischen Gewittersturm provozieren, von dem abermals radikale Parteien profitieren werden. Dann tritt eine Situation ein, in der sich rechte oder auch rechtsextreme Parteien auf Dauer etablieren können, weil sie politisch vom Unmut über die staatlich sanktionierte Zuwanderung leben. Kommt es zu einem Einwanderungsgesetz, so muß eine gründliche Debatte auf allen Ebenen der Gesellschaft vorausgegangen sein. Es muß deutlich werden, daß die Mehrheit der Deutschen tatsächlich mit der dann zu erwartenden erheblichen Zuwanderung einverstanden ist – und nicht etwa nur die kleine Kaste der Linksintellektuellen, die ihr eigenes Volk nicht leiden können.

Ehrlicherweise müssen die Politiker auch vor Wahlen ihr Volk fragen, ob sie damit einverstanden sind. Da das Grundgesetz keine Volksabstimmung zu solchen Themen vorsieht, wird das Wahlthema Einwanderung – um den irreführenden Begriff Wahlkampfthema einmal zu vermeiden – einen besonderen Stellenwert haben. Die Reaktion der Wähler wird sorgfältig zu beobachten sein. Eine Reaktion kann wohlgemerkt auch das Zu-Hause-bleiben sein, das Nichtwählen. Besonders über ihre Partei erboste Stammwähler der CDU haben in letzter Zeit die Geißlersche Lagertheorie (»Stammwähler wählen uns sowieso, wir können uns also mehr um die politischen ›Ränder‹ kümmern«) mit Wahlverweigerung widerlegt: Auch Stammwähler lassen sich unter bestimmten Umständen vergraulen.

Eine Entscheidung muß also getroffen werden. Soll Deutschland in den nächsten Jahrzehnten zielgerichtet mehrere Millionen Menschen einbürgern? Aus dem bisher Gesagten geht hervor, daß eine Immigrationspolitik erst *nach* einer Eindämmung des Asylbewerberzustroms und *nach* einer Einschränkung der bisherigen Duldungspraxis Sinn haben kann. Falls es zu einem nationalen Konsens über jährliche Einwanderungsquoten kommt, so muß genau überlegt werden, woher diese Einwanderer kommen sollen. Die Tatsache, daß sich anderthalb Millionen Türken nach zwanzig Jahren in ihren Lebensgewohnheiten kaum integriert haben, die meisten von ihnen ohnehin eine spätere Rückkehr zumindest nicht ausschließen, zeigt, wie wenig von einem »farbenblinden« Schmelztiegelkonzept zu erwarten wäre. Langfristig wird ein friedliches Zusammenleben von Volksgruppen durch weitgehende ethnische und kulturelle Nähe oder gar Homogenität zumindest erleichtert, das zeigt die Erfahrung. Kulturelle Distanz erschwert die Integration. Europäer können sich in Europa leichter integrieren als Asiaten und Afrikaner. Türken legen verständlicherweise oft keinen besonderen Wert darauf, »Deutsche« zu werden. Sie sind fest in ihrer Identität verwurzelt. Um so fremder bleiben Angehörige anderer Rassen und Völker, die sich hier einfinden.

Einwanderer sollten also vor allem aus europäischen Nachbarländern kommen. Diese Forderung befindet sich im Einklang mit Deutschlands Einbindung in die EG und der zu erwartenden Herausbildung einer EG-Staatsbürgerschaft. Aber machen wir uns nichts vor, die EG-Einwanderung nach Deutschland dürfte in der nächsten Zeit nur einen geringen Anteil der freiwilligen Zuwanderung ausmachen. Schließlich gibt es im vereinten Europa keine ausgesprochenen Armenhäuser mehr. Anders sieht die Lage in Osteuropa aus. Dort mangelt es nicht an Menschen, die sich gern hier niederlassen würden. Das zeigen schon die hohen Asylbewerberzahlen (und niedrigen Anerkennungsquoten) aus Rumänien, Bulgarien und anderen osteuropäischen Staaten. Dankbare Einwanderer wären mit Sicherheit vor allem die dreieinhalb Millionen Deutschen aus Osteuropa. Die Aussiedler, die Lafontaine nach eigenem Bekunden nicht näherstehen als Schwarze aus Afrika, ebendiese Aussiedler können sich in Deutschland natürlich viel schneller eingliedern als alle anderen Zuwanderer, die auch in der Regel kein Deutsch sprechen können.

Es ist ein wenig merkwürdig, daß die immer noch recht umfangreiche Gruppe von Deutschen in Osteuropa von so immigrationsbegeisterten Parteien wie FDP und SPD noch nicht entdeckt worden ist. Schließlich haben die meisten Aussiedlerfamilien mehrere Kinder, und selbst Rußlanddeutsche, die sich in einer neuen Wolgarepublik niederlassen wollen, würden wohl eine mittelfristige Übersiedelung nach Deutschland nicht ausschließen, wenn sie wüßten, daß daran in Deutschland Interesse besteht. Und dies scheint ja in der Zukunft durchaus der Fall zu sein – brechen doch bereits in wenigen Jahren die Sozialsysteme zusammen, wenn wir den Immigrationsbefürwortern glauben wollen. Wenn SPD und FDP von einer weiteren Aussiedlerzuwanderung dennoch nichts wissen wollen, so liegt das möglicherweise an einer ganz bestimmten Eigenschaft der Aussiedler: Sie wählen erfahrungsgemäß eher konservativ. Weniger als die Hälfte dürfte SPD oder FDP wählen. Plötzlich ergibt Lafontaines Spruch also Sinn. Mit einer Prise Zynismus könnte man hinzufügen, Lafontaine habe sogar untertrieben: Der (später einmal) SPD wählende Afrikaner aus dem Kongo wird dem Saarländer in der Tat näherstehen als ein christdemokratisch wählender Deutscher aus Kasachstan.

Leider sieht es zur Zeit nicht so aus, als würde die Bundesrepublik genügend Energie und Konsequenz aufbringen können, um das Asylproblem wirksam zu entschärfen. Der Zustrom und vor allem der Aufenthalt von jährlich Hunderttausenden Fremder wird sich in den nächsten Jahren fortsetzen. Viele Menschen würden eine staatlich festgeschriebene Einwanderung als bloßes »Draufsatteln« empfinden, als ein unverständliches Vergrößern bereits vorhandener Probleme. Dafür sprechen auch hartnäckige Vorstellungen in der SPD, Einwanderungsquoten könnten die Zahl der Asylbewerber sinken lassen. Von einem »humanen Zuwanderungsrecht« ist da die Rede, als ob das Asylrecht dann nicht mehr von Belang sei.[80] Ganz abgesehen davon, daß Deutschland dem Rest der Welt kein solches Zuwanderungsrecht schuldet. Jedes Land hat das Recht, die möglichen Einwanderer aufgrund ihrer Integrationsfähigkeit, der Arbeitsmarktlage und ihrer beruflichen Qualifikation auszuwählen. Die meisten der bisherigen Asylbewerber haben keine überdurchschnittlichen Qualifikationen oder Fähigkeiten, die sie hier erfolgreich machen würden. Da es bereits genügend arbeitslose, schlecht qualifizierte Menschen in Deutschland gibt, müßte Immigration vor allem gut Ausgebildeten, Fachleuten und auch Geschäftsleuten mit einem gewissen Kapital offenstehen. Mithin würden die meisten Asylbewerber mögliche Einwanderungskriterien nicht erfüllen. Wird hingegen das »humane Zuwanderungsrecht« auch für mittellos auftretende Fremde Realität, dann wird der Zorn der Wähler über den bisherigen Sozialhilfe-Tourismus weiter anwachsen. Kommen neben 150000 Asylbewerbern auch noch 300000 auf Sozialhilfe und Sozialwohnungen angewiesene Einwanderer, dann werden die rechten Parteien gut und gerne Ergebnisse über 20 Prozent erzielen.

Falls reguläre Einwanderung möglich wird, sollten Einwanderungsanträge nur vom Herkunftsland aus gestellt werden. Damit würden unnötige Ausgaben der öffentlichen Kassen zur Unterstützung von Immigranten im Wartestand vermieden. Fest steht, daß ein Öffnen der Einwanderungskanäle ein Abdichten der bisherigen undichten Stellen erzwingen wird. Sonst läuft das Boot wirklich voll.

Ein mögliches Einwanderungsgesetz hat sich klipp und klar am Nutzen der Bundesrepublik zu orientieren. Und nicht an der Beglückung eines Wanderproletariats, das schon seit dem Ende der Vollbeschäftigung nicht mehr gefragt ist. Zu hören sind bereits künftige Klagen von Grünen und SPD: Daß eine Auslese unter den Einwanderungswilligen bedeute, verschiedenen ärmeren Ländern die Besten wegzuschnappen. Damit müßten die »Dritte-Welt«-Beglücker in der deutschen Politik dann in der Tat leben.

*Warum wir handeln müssen*

## Das gelähmte Parlament – wie unser Asylrecht zum Richterrecht wurde

Das Grundrecht auf Asyl kennt keinen Gesetzesvorbehalt. Deshalb hat der Gesetzgeber keine Möglichkeit, den Begriff der politischen Verfolgung inhaltlich zu bestimmen und das Asylrecht auf seinen Kern zu beschränken. Das deutsche Asylrecht entwikkelte sich folglich zu einem Richterrecht mit all seinen Konsequenzen. Dafür sei beispielsweise auf ein Urteil des Oberverwaltungsgerichts Münster im Januar 1984 verwiesen, in dem entgegen der bis dahin geltenden Rechtsprechung den etwa 1,5 Millionen Tamilen in Sri Lanka eine Kollektivverfolgung bescheinigt wird. Danach hätten also alle in Sri Lanka lebenden Tamilen mit Erfolg politisches Asyl in der Bundesrepublik beanspruchen können. Aufgrund des Urteils fehlte den unabhängigen Entscheidungsträgern beim Bundesamt in Zirndorf verständlicherweise der Mut, Tamilen das Asylrecht zu versagen. Die Anerkennungsquote stieg beachtlich. Als Folge mußte der Bundesbeauftragte ein neues Gerichtsverfahren anstrengen, um das OVG-Urteil korrigieren zu lassen. Dabei gingen viele Monate der Unsicherheit mit ungerechtfertigt hohen Anerkennungsquoten ins Land.

Der Versuch, das Asylrecht trotz Fehlens eines Gesetzesvorbehalts an die politische und gesellschaftliche Entwicklung anzupassen, führte 1982 zur Verabschiedung eines Verfahrensgesetzes. Die inhaltliche Bestimmung der Verfolgungsgründe sind Parlament und Regierung versagt. Diese Lähmung von Legislative und Exekutive ist einzigartig: Kein Parlament der Welt hat sich die Handlungsfähigkeit in einem so wichtigen Feld nehmen lassen. Wenn angesichts steigender Asylbewerberzahlen Schweden, Dänemark und die Schweiz ihr Asylrecht verschärfen, muß die Bundesrepublik Deutschland zuschauen und die Folgen tragen. Die selbstverschuldete Handlungsunfähigkeit zwang zu einer Politik vermeintlicher Schikanen (wie Arbeitsverbot, Gemeinschaftsunterkünfte, Verzicht auf Bargeld für Asylbewerber, Beschränkung der Bewegungsfreiheit), um wenigstens eine gewisse Abschreckung für Scheinasylanten zu erreichen. Einige dieser Verfahrensregelungen haben sich als unzureichend und falsch oder gar als moralisch anfechtbar erwiesen.

Das *Arbeitsverbot* für Asylbewerber ging von der Annahme aus, diese Menschen kämen nach Deutschland, um hier zu arbeiten, Geld zu verdienen und dies zum Teil in die Heimat zu transferieren. Man hoffte, ein Arbeitsverbot würde mögliche Asylbewerber abschrecken. Diese Hoffnung hat getrogen. Allein die beachtliche Sozialhilfe für Asylbewerber erscheint ausreichender Grund zu sein, nach Deutschland zu kommen. Dies ist verständlich, denn in Deutschland können viele Ausländer ohne Arbeit – dank der Sozialhilfe – besser leben als mit Arbeit in ihrer Heimat.

Vereinzelt ist der Versuch gemacht worden, Asylbewerber gemäß dem Bundessozialhilfegesetz für *Arbeitseinsätze* heranzuziehen. Flächendeckend und konsequent angewendet hätte damit ein Abschreckungseffekt erzielt werden können. Außerdem hätten so die Kosten, die für Asylbewerber entstehen, gesenkt werden können. Die punktuelle Anwendung dieses Instruments war natürlich unwirksam.

Immer wieder versuchte man, die Zahl der Asylbewerber durch Inanspruchnahme des *Visarechts* zu vermindern. Auf diese Weise sollte unser Asylrecht, das jedem ein Verfahren zubilligt, der an die Grenze kommt und dort »Asyl« sagt, eingeschränkt werden, indem man den Weg zur Grenze teilweise verbaute. Insbesondere in der Zeit, als viele Bewerber über die DDR/Ostberlin nach West-Berlin kamen, wurde dieses Bemühen akut. Man forderte von der DDR, nur demjenigen ein Transitvisum zu erteilen, der über ein Einreisevisum in die Bundesrepublik verfügte. Nach langen und intensiven Bemühungen im Verein mit anderen betroffenen Ländern wie Schweden und Dänemark gelang dies auch. Dennoch blieb dieses Instrument problematisch, weil gerade auch diejenigen getroffen wurden, für die das Asylrecht gedacht war. Denn es ist schwer vorstellbar, daß ausgerechnet der wirklich politisch Verfolgte die Möglichkeit hat, sich ohne Gefahr ein Visum zu beschaffen. Vielmehr muß man davon ausgehen, daß der wirklich Verfolgte sein Land bei Nacht und Nebel verlassen muß. Dennoch muß man diese »Notbremse« akzeptieren, weil sie auch von anderen Ländern gebraucht wird. Es bleibt freilich ein problematisches Mittel, auf das man schließlich nur dann wird verzichten können, wenn eine umfassende Änderung des Asylrechts erfolgt.

Nachdem sich das Bundesverwaltungsgericht in zwei Verfahren mit dem Problem der Beförderungsverbote für Luftfahrtgesellschaften beschäftigt hat, liegt auch die juristische Problematik offen. Die Stunde der Wahrheit hat geschlagen. Tatsächlich führt ein solches Verbot dazu, daß es einem potentiellen Asylbewerber unmöglich gemacht wird, auf dem Luftwege zu uns zu kommen, um mit dem Wort »Asyl« ein Verfahren zu eröffnen. Diese Problematik hat das Bundesverwaltungsgericht jetzt aufgegriffen, die Verfahren ausgesetzt, um eine Entscheidung des Bundesverfassungsgerichts über die Verfassungsmäßigkeit des Beförderungsverbotes des Ausländergesetzes einzuholen. Dort sind Sanktionen gegen Beförderungsunternehmen vorgesehen, die Personen ohne gültige Einreisepapiere nach Deutschland bringen.

Offenbar ist das Bundesverwaltungsgericht der Auffassung, daß diese Bestimmungen mit dem Artikel 16 des Grundgesetzes nicht in Einklang stehen. Die Asylgewährleistung des Artikels 16 (»Politisch Verfolgte genießen Asylrecht«) verlange, daß eine Sichtvermerkspflicht und ein damit verbundenes Beförderungsverbot für Ausländer die für den Asylantrag erforderliche Einreise in die Bundesrepublik nicht grundsätzlich verhindern dürfe. Mit dem Beförderungsverbot werde das Zurückweisungsverbot für Asylbewerber an der deutschen Grenze umgangen. In der Urteilsbegründung heißt es: »Die Effektivität des Grundrechts aus Artikel 16, Absatz 2, Satz 2 verlangt, daß eine Sichtvermerkspflicht die Asylgewährung und die dafür erforderliche Einreise in das Bundesgebiet unmittelbar aus dem Verfolgungsland nicht hindert [. . .]. Die Sorge vor einer massenhaften Inanspruchnahme des Asylrechts [. . .] kann daher allein keine Einreisebeschränkungen rechtfertigen, die das Asylrecht wie das Asylbewerberrecht für die Betroffenen praktisch beseitigen würden.«[81]

Wenn die Bestätigung einer solchen Auffassung durch das Bundesverfassungsgericht erfolgt, wäre ein weiteres entscheidendes Instrument, das den Zustrom in Grenzen halten könnte, entschärft. Wieder einmal würde die Einzigartigkeit unseres Asylrechts deutlich. Kein Land der Welt wird sich den uneingeschränkten Zugang über die Flughäfen leisten. Wir wären, höchstrichterlich, dazu verpflichtet.

Die Visumspolitik soll in Zukunft nicht mehr die Sache einzelner Staaten sein, sondern europäisch geregelt werden. Die Schengen-Staaten haben sich verpflichtet, Sanktionen gegen Beförderungsunternehmen einzuführen, die Drittausländer ohne die erforderlichen Reisedokumente in ihr Hoheitsgebiet bringen. Auch die Beschlüsse von Maastricht sehen eine gemeinsame Visapolitik vor. Die Vorbereitungen für eine Visa-Konvention sind praktisch abgeschlossen. Und nun diese Auffassung des Verwaltungsgerichts. Eine Bestätigung durch das Verfassungsgericht würde die Bundesrepublik Deutschland europaunfähig machen. Die ganze Gemeinschaft würde dadurch belastet. Denn schließlich werden aus Asylbewerbern irgendwann Aufenthaltsberechtigte, die auch die EG-Grenzen passieren können. Der Artikel 16 steht unseren eigenen Interessen genauso entgegen wie dem Zusammenwachsen Europas. Der akute Handlungszwang hat tatsächlich den Charakter eines Diktats erreicht.

Ein anderes Bemühen, die Problemlösung zu erleichtern, sind die *Massenunterkünfte*. Diese waren und sind notwendig. Es wäre besser gewesen, sie längst in größerer Zahl bereitzuhalten. Damit könnte man vermutlich die Kosten reduzieren und Konflikte entschärfen, die bei der Einquartierung von Asylbewerbern in Dörfern und Kleinstädten entstehen. Ob solche Unterkünfte geeignet sind, eine abschreckende Wirkung auf potentielle Asylbewerber auszuüben, muß jedoch bezweifelt werden.

Da viele Asylbewerber gerade deshalb nach Deutschland kommen, weil hier die wirtschaftliche Versorgung vergleichsweise gut ist, erscheint es geboten, die deutschen Spitzenleistungen für Asylbewerber abzubauen. Auch hier sollte das Ziel der Harmonisierung Beachtung finden. Wir müssen nicht mehr leisten als Frankreich und andere europäische Länder. Tun wir es, dann kommen Asylbewerber verständlicherweise lieber zu uns. Die deutsche Bevölkerung wird ihre Regierung so lange für töricht halten, als sie keine Anpassung der Sozialleistungen an europäische Standards vornimmt. Die bisherigen Bemühungen einzelner Bundesländer, eine *Absenkung der Sozialhilfe* zu erreichen, sind leider gescheitert.

Im Weltbevölkerungsbericht der Vereinten Nationen 1992 heißt es: »Im Jahr 1990 drohte die Zahl der Asylsuchenden die Kapazitäten der mit den Aufnahmeverfahren befaßten Behörden zu sprengen. Es gab zunehmend das Phänomen des ›Asylshoppings‹ – Menschen, deren Asylantrag in einem Land abgelehnt worden war, stellten ihn in einem anderen Land erneut, nur um es nach dessen Ablehnung in einem weiteren Land ein weiteres Mal versuchen zu müssen.«[82]

Das Problem des massenhaften Asylrechtsmißbrauchs durch Scheinasylanten kann man nur mit *erkennungsdienstlicher Behandlung* der Asylbewerber sowie einer Datenspeicherung begegnen. Die Erfassung darf sich nicht nur auf ein Land erstrecken, sondern mindestens auf die Staaten des Schengener Abkommens. Dies gilt natürlich auch für die Zugriffsmöglichkeiten. Datenschutzrechtliche Gesichtspunkte dürfen hier keinen Vorrang haben. Der Einsatz eines zentralen, rechnergestützten europäischen Identifizierungssystems von Asylsuchenden, das es jedem Land erlaubt und ermöglicht, innerhalb kürzester Zeit die Identität und die relevanten Umstände des Asylbewerbers zu ermitteln, ist notwendig. Neben persönlichen Daten ist zumindest das Land der ersten Einreise zu erfassen.

Welche Motive jeweils für die Verheimlichung der Identität von Asylbewerbern ausschlaggebend sein mögen, sei dahingestellt. Tatsache ist, daß die Asylbewerber sehr häufig keine Pässe vorweisen können. Sie reden von Verlust oder von Diebstahl. Aufschlußreich indes ist, daß, nachdem die Schweiz eine Bearbeitung des Asylantrages vom Vorliegen der Papiere abhängig machte, nur noch in seltenen Fällen Asylbewerber ohne Papiere auftauchten. Deshalb scheint eine ähnliche Bestimmung auch bei uns empfehlenswert zu sein. Nur müssen wir dazu endlich die nötigen Gesetze einführen beziehungsweise die *vorhandenen Gesetze ändern.*

Eine tiefgreifende Neufassung des Asylrechts selbst bleibt eine Grundvoraussetzung für die Möglichkeit, *Verfahren zu vermeiden und abzukürzen.* Darauf läuft alles hinaus: Der Staat muß die rechtliche Handhabe bekommen, um offensichtliche Scheinasylanten sofort wieder nach Hause schicken zu können und alle anderen in einem zügigen Verfahren zu überprüfen, dessen Länge nicht später ein Argument für den Dauerverbleib des Asylbewerbers wird. Betrachten wir also die geltenden asylrelevanten Bestimmungen.

Es hat sich mittlerweile herumgesprochen, daß das in Deutschland geltende subjektive, das heißt von jedermann einklagbare »Recht auf Asyl« eine über das Völkerrecht hinausgehende Besonderheit ist, eine Art Spätbewältigung des Dritten Reiches. Dieses deutsche Grundrecht unterliegt zugleich der Rechtsschutzgarantie des Artikels 19, Absatz 4, Satz 1: »Wird jemand durch die öffentliche Gewalt in seinen Rechten verletzt, so steht ihm der Rechtsweg offen.« Die Rechtsschutzgarantie findet ihren Ausdruck in einem mit deutscher Feinsinnigkeit ausdifferenzierten, überaus komplizierten Anerkennungsverfahren und einer entsprechend reichhaltigen Rechtsprechung. Wir erinnern uns: Das Anerkennungsverfahren selbst wird im 1982 eingeführten Asylverfahrensgesetz geregelt, das im Juli 1992 zum achten Mal geändert worden ist. Daneben gibt es, wie bereits erwähnt, seit 1965 ein Ausländergesetz, das zuletzt 1990 neu geregelt wurde. Dieses Gesetz ist für Aufenthaltsstatus, Verbleib und eventuelle Abschiebung des Asylbewerbers zuständig.

Problematisch ist, daß die Zuständigkeit für Asylverfahren und Asylbewerber auf Bund und Länder verteilt ist. Das Zirndorfer Bundesamt für die Anerkennung ausländischer Flüchtlinge ist, wie der Name schon sagt, eine Behörde des Bundes. Dort wird über die Zuerkennung des Flüchtlingsstatus entschieden. Zuvor hatte der Asylbewerber bereits eine Aufnahmeeinrichtung eines Landes durchlaufen, wo die Daten aufgenommen wurden und der Asylantrag festgehalten wurde. Neuerdings befinden sich nahe den zentralen Anlaufstellen der Länder Außenstellen des Bundesamtes. Offensichtlich unbegründete Asylanträge und vor allem solche aus einigen Hauptherkunftsländern, werden relativ zügig von den Außenstellen erledigt. Die schwierigen Fälle (insgesamt zwei Drittel) werden im Zirndorfer Bundesamt selbst bearbeitet. Gegen seine Ablehnung kann ein Asylbewerber bei einem Verwaltungsgericht klagen. Gegen die Ablehnung der Klage durch ein Verwaltungsgericht ist nochmals Revision möglich. Darüber hinaus kann der Asylbewerber beliebig viele Folgeanträge stellen, bei denen er neue Hinweise auf seine politische Verfolgung präsentieren kann.

Ist der Asylantrag schließlich rechtskräftig abgelehnt, so ist nach altem Recht die Ausländerbehörde der Kommune, in der der Asylbewerber untergebracht ist, für dessen Ausreise bzw. Abschiebung zuständig. Die Ausländerbehörde entschied bis Juli 1992 auch, ob der Ausländer wegen Abschiebungshindernissen wie Bürgerkrieg nicht abgeschoben werden konnte. Hier hatten und haben die einzelnen Bundesländer unterschiedliche Kriterien, wem eine Rückkehr in sein Heimatland zugemutet werden darf. Diese Bund-Länder-Zweigleisigkeit war in der Vergangenheit dafür mitverantwortlich, daß etliche politisch nicht Verfolgte schließlich doch blieben. Das 1992 verabschiedete »Beschleunigungsgesetz« (Änderung des Asylverfahrensgesetzes) bündelt mehr Zuständigkeiten beim Zirndorfer Bundesamt. Das Bundesamt soll in Zukunft auch über das Vorliegen von Abschiebungshindernissen entscheiden. Sie sind zu einem guten Teil Interpretationssache, wie wir im folgenden sehen werden. Zunächst zur Frage der politischen Verfolgung.

Das Bundesverfassungsgericht, nicht der Bundestag, hat die Anerkennungskriterien für die »Verfolgung« eines Asylbewerbers im wesentlichen wie folgt gefaßt:

– das Vorliegen individueller Betroffenheit für einzelne oder Gruppen aufgrund von politisch motivierten Verfolgungsmaßnahmen,
– eine mit »beachtlicher Wahrscheinlichkeit« drohende beziehungsweise bei der Frage einer möglichen Rückkehr des Asylbewerbers »nicht mit hinreichender Wahrscheinlichkeit auszuschließende« politische Verfolgung,
– eine »nach ihrer Intensität und Schwere die Menschenwürde« verletzende Beeinträchtigung und
– Maßnahmen, die »über das hinausgehen, was die Bewohner des Heimatstaates aufgrund des dort herrschenden Systems allgemein hinzunehmen haben«.[83]

Mit der Schaffung eines Grundrechts auf Asylgewährung ging das Grundgesetz über das Völkerrecht hinaus. Denn gemeinhin wird die Gewährung von Asyl als souveränes Recht eines Staates betrachtet: Er kann Asyl gewähren, oder auch nicht. So kommt das Asyl»recht« in anderen europäischen Ländern einem Gnadenrecht gleich, das sich der Staat vorbehält. Während abgelehnte Asylbewerber in Deutschland die Gerichte bemühen können, weil sie in ihren Grundrechten verletzt wurden, ist in anderen europäischen Ländern in der Regel lediglich ein Einspruch bzw. eine Beschwerde bei einer Verwaltungsbehörde möglich. So kommt es, daß offensichtlich unbegründete Verfahren in Deutschland Ende 1991 durchschnittlich drei bis vier Monate dauerten und die restlichen zwei Drittel der Verfahren insgesamt drei Jahre; Frankreich und die Schweiz dagegen, ebenfalls beliebte Asylreiseländer, wickeln die meisten Verfahren in vier bzw. sechs Monaten ab.

Die europäische Einigung erzwingt die Angleichung des Asylrechts. Es erscheint schwer vorstellbar, daß es in Europa einheitliche Vorschriften über den Krümmungsgrad der Salatgurke, die Zusammensetzung von Mayonnaisen und die Form von Traktorsitzen gibt, aber so wichtige Bereiche wie das Asylrecht ausgeklammert bleiben. Bei der Harmonisierung werden die anderen europäischen Länder natürlich nicht bereit sein, unseren Unfug nachzuahmen, sondern die Deutschen werden sich dem europäischen Standard anpassen müssen. Der orientiert sich an der Genfer Flüchtlingskonvention und den Menschenrechtskonventionen, welche sich über die Asylgewährung seitens des Staates nicht auslassen und natürlich auch kein Asyl-Anerkennungsverfahren festschreiben, denn dies ist Sache jedes einzelnen Staates. Die Allgemeine Menschenrechtserklärung von 1948 garantiert lediglich in Artikel 14 das Recht jedes Menschen, »in anderen Ländern vor Verfolgungen Asyl zu suchen und zu genießen« – aber eben nicht zu erhalten. Diese Formulierung ist bewußt so gewählt worden, daß sie mit dem völkerrechtlichen Verständnis der Asylgewährung als Recht des Staates übereinstimmt. Selbst die von der Menschenrechtskommission der Vereinten Nationen vorgeschlagene Formulierung, jeder habe das Recht, Asyl zu »suchen und zu erhalten«, wurde abgelehnt.[84]

Auch die Genfer Flüchtlingskonvention enthält keine weitergehenden Festlegungen. Zur Gewährung von Asyl äußert sich die Flüchtlingskonvention gar nicht. Vorgeschrieben wird in Artikel 33 lediglich, den Flüchtling nicht in den Verfolgerstaat zurückzuschicken oder ihn in einen Staat auszuweisen, wo ihm politische Verfolgung droht. Diese Praxis wird im weiteren Sinne auch in Artikel 3 der Europäischen Menschrechtskonvention festgeschrieben. Ungeachtet dessen ist unter Umständen auch nach internationalem Recht die Zurückweisung von Asylbewerbern an der Grenze möglich: Artikel 3 der Resolution 2312 (XXII) der UN-Generalversammlung vom 14. Dezember 1967 besagt, daß auch eine asylsuchende Person an der Grenze aus Gründen der nationalen Sicherheit und im Falle einer Masseneinwanderung abgewiesen werden darf.

Versuche, das Asylrecht wie in Deutschland zu einem anerkannten Individualrecht zu machen, scheiterten. So berief die

UN-Generalversammlung 1977 in Genf eine Konferenz über das Asylrecht ein. Der Entwurf einer UN-Expertenkommission zur Asylgewährung sah lediglich die Verpflichtung der Vertragsstaaten vor, in Ausübung ihrer souveränen Rechte alle Anstrengungen zu unternehmen, um asylberechtigten Personen Asyl zu gewähren. Die Vertreter der Bundesrepublik versuchten hingegen, in dem Konventionsentwurf durch einen eigenen Antrag das *Recht* auf politisches Asyl zu verankern. Diesem Antrag stimmte nur ein anderes Land vorbehaltlos zu, der Vatikan.[85]

All dies ist zu beherzigen, wenn Sozialdemokraten wieder einmal nach der bundesdeutschen Umsetzung der Genfer Flüchtlingskonvention (GFK) im Rahmen einer europäischen Lösung rufen. Tatsächlich ist sie vom Ausländergesetz längst umgesetzt worden, und zwar so gründlich, daß sich für die Nichtabschiebung aus den verschiedensten Gründen der Begriff »kleines Asyl« durchgesetzt hat. Daß die GFK über die deutschen Asylrechtsbestimmungen hinausgeht, ist nur eine Teilwahrheit: Zwar setzt die GFK bei Flüchtlingen lediglich eine begründete *Furcht* vor Verfolgung voraus, ist mithin die Angst als solche bereits ein Asylgrund. Was SPD-Politiker gerne unerwähnt lassen: Auch die Genfer Konvention regelt den Schutz von politischen Flüchtlingen, nicht von Bürgerkriegs- und Armutsflüchtlingen. Und die »Furcht vor Verfolgung« konnte nur deshalb Eingang in die Konvention finden, weil diese Forderung nicht gefährlich war: Kein Unterzeichnerstaat wird von der GFK rechtlich zur Asylgewährung verpflichtet. Soll die GFK Grundlage einer europäischen Flüchtlingspolitik werden, ist hier natürlich eine entsprechende Überarbeitung der dann verpflichtenden Regelungen notwendig.

## *Asylparadies Deutschland – wie andere Länder mit Asylbewerbern umgehen*

Wie nun ist Abhilfe zu schaffen? Das neue »Beschleunigungsgesetz« kann eine Grundgesetzänderung nicht ersetzen. Zum einen sieht das neue Asylverfahrensgesetz lediglich sechs Wochen Bearbeitungszeit für »offensichtlich unbegründete« Verfahren vor. Das entsprach 1991 aber laut Bundesinnenministerium nur 29,4 Prozent aller Verfahren; wie lange sollen die anderen in Zukunft dauern? Es fehlt eine strategische Zeitvorgabe, an welcher die verschiedenen Anstrengungen ausgerichtet werden können. Andere Länder haben wirksamere Verfahren.

Mit 56000 Asylgesuchen im Jahr 1990 kommt Frankreich gleich hinter der Bundesrepublik. Frankreich verabschiedete im Mai 1990 ein verfahrenbeschleunigendes Gesetz, das den Abschluß von Verfahren innerhalb von vier Monaten vorsieht.[86] Etwas mehr Zeit braucht man in der Schweiz: Dort wird ein Großteil der Verfahren in sechs Monaten erledigt.[87] Daran sollte sich Deutschland orientieren, denn die Schweiz hat, umgerechnet auf die Einwohnerzahl, den größten Asylbewerber-Andrang Europas und der Welt zu verzeichnen: 1991 wurden 41600 Asylgesuche in der Schweiz gestellt. Auf die Bundesrepublik umgerechnet, würde das einer halben Million Asylbewerber entsprechen.

Selbst wenn es in Deutschland gelingen sollte, die nicht völlig unbegründeten Anträge mit Schweizer Geschwindigkeit in sechs Monaten zu erledigen, würde dies noch einen gewaltigen Behörden- und Justizapparat beschäftigen und Milliarden Mark an unnötigen Sozialhilfezahlungen erfordern. Es muß deshalb gelingen, möglichst viele der politisch Nichtverfolgten gar nicht erst den normalen Verfahrensweg beschreiten zu lassen. Sie müssen alsbald wieder zurückgeschickt werden – per Länderliste, einer weiteren Schweizer Errungenschaft. Asylbewerber aus sicheren Ländern – im April 1992 waren das Polen, Ungarn, ČSFR, Rumänien, Bulgarien, Indien, Angola – werden gar nicht erst zum normalen Asylverfahren zugelassen.

Der CDU/CSU-Entwurf zur Grundgesetzänderung von Artikel 16 sieht indirekt eine solche Liste sicherer Nichtverfolgerstaaten vor. Danach soll Artikel 16 GG wie folgt ergänzt werden: »Politisch Verfolgte genießen Asylrecht. Asylrecht genießt nicht, wer aus einem Staat einreist, in dem er nicht der Gefahr ausgesetzt ist, politisch verfolgt oder in einen Staat abgeschoben zu werden, in dem ihm politische Verfolgung droht; das nähere regelt ein Bundesgesetz. Dieses Gesetz kann bestimmen, daß Asylbewerber [. . .] an der Grenze zurückgewiesen werden können.«[88]

Eine Art »Sicherheitsgurt« für eventuell tatsächlich Verfolgte in Nichtverfolgerländern könnte die Möglichkeit sein, über die deutsche Botschaft im jeweiligen Land einen Asylantrag zu stellen. Eine andere Möglichkeit wäre das Schweizer Modell, bei dem Asylbewerber aus sogenannten *safe countries* eine Art Kurzverfahren bekommen. Sie werden vom Bundesamt für Flüchtlinge angehört. Dabei ist ein Vertreter einer Hilfsorganisation anwesend. Der Ausländer hat die »Regelvermutung« gegen sich, nicht politisch verfolgt zu sein. Gelingt es ihm, das Bundesamt vom Gegenteil zu überzeugen, wird er in das normale Asylverfahren aufgenommen. Gelingt es ihm nicht, muß er die Schweiz unverzüglich verlassen. Dagegen kann der Ausländer noch einmal eine Beschwerdeinstanz anrufen. Wird dieser Beschwerde keine aufschiebende Wirkung zuerkannt, ist die Ausreise endgültig fällig. Wie flexibel solch ein Nichtverfolgerstaaten-Konzept gehandhabt werden kann, ist daran zu erkennen, wie schnell die Schweiz auf den Militärputsch in Algerien reagierte. Am 9. Februar 1992 verhängte das Militär den Ausnahmezustand, am 19. Februar wurde Algerien von der Liste der sicheren Länder genommen.

Eine Liste von Nichtverfolgerstaaten würde für eine Verringerung der Zahl der Asylverfahren sorgen. Eine drastische Verkürzung der verbleibenden Verfahren hätte eine vom Bundesland Bayern bereits 1990 vorgeschlagene Änderung des Artikels 19 (»Einschränkung von Grundrechten«) des Grundgesetzes zur Folge. In Artikel 19 ist die Rechtsweggarantie verankert. Wer bei der Wahrnehmung seiner Grundrechte beeinträchtigt wird, kann dagegen Klage bei der Verwaltungsgerichtsbarkeit einlegen. Das ist die Ursache für die lange Verfahrensfrist. Der Gesetzentwurf, den Bayern im Bundesrat (erfolglos) einbrachte, sah vor, daß in Artikel 19 die Rechtsschutzgarantie für das Grundrecht auf Asyl ausgeklammert wurde. Gleichzeitig sollte Artikel 16 dahingehend geändert werden, daß »Entscheidungen über die Asylgewährung [. . .] anstelle des Rechtsweges durch einen vom Bundestag bestellten unabhängigen Beschwerdeausschuß nachgeprüft werden« können.[89]

Dieser Vorschlag fand bisher leider nur in Kreisen der CSU Anklang. Das ist bedauerlich, denn solch eine Grundgesetzänderung würde mit dem Asylparadies Deutschland tatsächlich Schluß machen. Allein, es ist zu befürchten, daß die Parteien sich lediglich auf eine Änderung von Artikel 16 werden einigen können. Das aber wird auf die Dauer wahrscheinlich nicht reichen, um Kosten und Belastungen durch die Asylbewerberflut auf ein erträgliches Maß zu reduzieren. Früher oder später wird wohl ein Nachbessern im bayerischen Sinne nötig werden. Auch dafür wird eine Zweidrittelmehrheit und möglicherweise eine zehnjährige Debatte nötig sein. Mit Recht werden dann die Wähler – wieder einmal – fragen: Warum nicht gleich so?

Zunächst aber dürfte die Einführung einer Länderliste tatsächlich eine Verbesserung der Situation bringen. Solch eine Liste hat natürlich nur dann einen Sinn, wenn sie auch potentiell unsichere Länder wie Indien und Nigeria erfaßt, aus denen aber seit Jahren keine politisch Verfolgten mehr kommen. Wer verfolgt wäre, hätte bei einer Anhörung immer noch eine Chance. So erreichten von Anfang 1988 bis zum September 1991 14 000 Inder die Bundesrepublik. Bis zum 31. August 1991 war noch kein einziger von ihnen als politischer Flüchtling anerkannt worden. Im gleichen Zeitraum kamen 668 Liberianer. Auch sie konnten nicht als politische Flüchtlinge anerkannt werden. Nur wenig anders sah es bei Nigerianern aus: 12 600 kamen, ungefähr 50 wurden (im Jahr 1990) anerkannt. Der Asyltourismus in die Bundesrepublik scheint bei ihnen sehr beliebt zu sein, was etwa in München zu denkwürdigen Auftritten führte: »1100 von ihnen kamen in Trupps nach München und erregten sofort den Argwohn der Sozialbehörden. ›Jung, prächtig ernährt und gut gekleidet, viele mit Goldschmuck‹, berichtet Sozialreferent Stützle. Und alle ohne Paß. Viele gaben Jux-Namen wie Eiswürfel, Fuzzi oder Johnny Walker an. Der Verdacht kam auf, sie stammten aus Söldnerheeren, die der libysche Staatschef Gaddafi entlassen hat [. . .] ›Leider hilft die nigerianische Botschaft in Bonn nicht.‹«[90]

250 paßlose Nigerianer ließ die Stadtverwaltung vom Bundeskriminalamt untersuchen. Per Fingerabdruck-Vergleich wurde festgestellt, daß 60 Prozent dieser Gruppe Doppel- oder Mehrfachempfänger von Sozialhilfe in Süddeutschland waren.[91] Dieses Ergebnis bestätigt auf eindrucksvolle Weise, wie wichtig es für eine Einschränkung des Asylschwindels ist, in Zukunft sämtlichen Asylbewerbern Fingerabdrücke abzunehmen.

Rumänien ist ein Land, das auf der Schweizer Liste sicherer Staaten steht. Trotzdem finden jedes Jahr einige Rumänen Asyl in der Schweiz. Die wenigen rumänischen Asylanten stehen allerdings in keinem Verhältnis zu der Flut rumänischer Asylbewerber, die sich jedes Jahr in die westlichen Länder ergießt. 40 500 Asylbewerber aus Rumänien trafen 1991 in Deutschland ein; die Anerkennungsquote lag bei 0,3 Prozent.[92] Aus Bulgarien kamen 12 000; anerkannt wurden 0,4 Prozent. Es ist also möglich und zweckmäßig, auch nicht völlig »sichere« Staaten wie Rumänien und Bulgarien auf solch eine Liste zu setzen. Gerade das aber ist von der SPD in der Vergangenheit mehrfach kritisiert worden. Das Argument: Wo auch nur ein einziger politisch Verfolgter sein kann, da dürfen keine Schnellverfahren praktiziert werden. Diese idealistische Einstellung übersieht aber die Realität der jährlichen Völkerwanderung Richtung Bundesrepublik. Aufwendige Einzelprüfungen werden zu einem Luxus, den allmählich niemand mehr bezahlen kann und bezahlen will. Die Notwendigkeit einer flexiblen Handhabung im Falle von Ereignissen, die für die Verfolgung bedeutsam sind, sollte dazu führen, daß die Liste der sicheren Länder nicht von Parlamenten bestimmt wird.

Statt dessen bietet sich bei einer Nichtverfolger-Liste eine europäische Zusammenarbeit an. Da die Asylpolitik der meisten anderen EG-Länder vom schlechten Gewissen der deutschen Nachkriegsgeneration frei ist, dürfte ein EG-Asyl-Ausschuß auch eine brauchbare Liste von Nichtverfolgerstaaten zustande bringen. Das Schengener Abkommen sieht in Artikel 131 einen Exekutiv-Ausschuß der zuständigen Minister vor, der auf die richtige Anwendung des Übereinkommens zu achten hat.[93] Dort könnte zunächst eine Nichtverfolgerliste erstellt werden, bis sich – hoffentlich recht bald – eine reguläre europäische Kontrollinstanz in Sachen Asyl- und Einwanderungspolitik mit dem Thema befaßt.

## *Hilf dir selbst, dann hilft Europa*

Eine europäische Vereinheitlichung der Asylgesetze und Flüchtlingsaufnahmeregeln dürfte gerade der Bundesrepublik nutzen. Denn die asylrelevanten Gesetze unserer Nachbarn sind in der Regel sehr viel restriktiver als die deutschen. Die Schweiz geht ebenso wie Schweden und Italien in der Zurückweisung von Flüchtlingen an der Grenze weiter als das deutsche Asylrecht: An der italienischen Grenze kann zurückgewiesen werden, wer sich bereits »eine Zeitlang« in einem nicht verfolgenden Drittstaat aufgehalten hat, der die Genfer Flüchtlingskonvention unterzeichnet hat.[94] Diese Zeitspanne muß über den bloßen Reisetransfer durch das Land hinausgehen. Die Schweizer Asylverordnung schreibt 20 Tage vor; im neuen deutschen Asylverfahrensgesetz ist hingegen eine Zeitspanne von mehr als drei Monaten vorgesehen (§ 27).

Auch Österreich hat den Asyltouristen den Zutritt erschwert. Kein Wunder, denn Österreich lag 1991 mit 27 300 Asylbewerbern auf der europäischen Rangliste (relativ gesehen) gleich hinter der Schweiz, vor der Bundesrepublik.[95] Am 23. April 1992 verabschiedete das österreichische Parlament eine Novellierung des Asylgesetzes, wonach ab dem 1. Juni 1992 Asylbewerber noch an der Grenze zurückgewiesen werden können, wenn ihr Antrag »offensichtlich unbegründet« ist.[96]

Ähnlich handelt das anerkannt menschenfreundliche Dänemark: Wer aus einem sicheren Drittland einreisen will, wo er hätte einen Asylantrag stellen können, wird sogleich dahin zurückgeschickt. Potentielle Asylbewerber, die von Deutschland aus über die grüne Grenze nach Dänemark wollen, werden nicht lange angehört, sondern müssen sofort zurück in die Bundesrepublik. Von hier aus können sie, so sie darauf Wert legen, ihren dänischen Asylantrag weiterverfolgen.

Es bedarf keiner weiteren Erklärung, daß sich eine solch ebenso rigorose wie notwendige Handhabung von Asylausschlußgründen nicht mit dem universellen Grundrecht auf Asyl des Artikels 16 GG vereinbaren läßt. Einer abermaligen Änderung des Asylverfahrensgesetzes müßte deshalb eine – gründliche! – Grundgesetzänderung vorausgehen. Denn gerade die dänische Regelung erscheint als durchaus angemessene Reaktion auf die Überflutung mit Scheinflüchtlingen, der Deutschland ausgesetzt ist. Unsere Nachbarn wissen, was die Deutschen wohl erst noch erkennen müssen: Schengener und Dubliner Abkommen werden keine wesentliche Asyl-Erleichterung bringen, schon gar nicht für die Bundesrepublik.

Zur Zeit existieren mit dem Zweiten Schengener Abkommen vom 19. Juni 1990 sowie dem am 14. Juni 1990 in Dublin unterzeichneten EG-Asylabkommen zwei Konventionen, die in ihrem asylrechtlichen Teil vorsehen, daß nur noch ein Staat innerhalb der Gruppe der Unterzeichnerstaaten für die Bearbeitung eines Asylantrages zuständig sein soll – und zwar jener Staat, der vom Asylbewerber zuerst betreten wird. Während Schengen grundsätzlich auch Nicht-EG-Länder wie Polen und Österreich beitreten können (bisher sind neben der Bundesrepublik die Benelux-Länder, Frankreich und Italien beigetreten), ist das Dubliner Abkommen zunächst allein für die Staaten der Europäischen Gemeinschaft gedacht. Mit dem tatsächlichen Inkrafttreten dieser

Verträge ist wohl frühestens 1993 zu rechnen. Ob unsere (ost-)europäischen Nachbarländer einem Vertrag beitreten wollen, der ihnen jedes Jahr Zigtausende von Asylanträgen bescheren könnte, bleibt eine offene Frage. Es wäre naiv zu erwarten, daß Polen, die ČSFR und Österreich sich in Zukunft mit den jährlich 150000 oder 200000 Flüchtlingen auseinandersetzen wollen, die bisher durch ihr Gebiet nach Deutschland einreisten. Gerade ärmere Länder wie Polen und die ČSFR werden die reiche Bundesrepublik nicht von ihrer Asyllast befreien wollen. Selbstverständlich muß die Bundesregierung auf ein sinnvolles Übereinkommen hinwirken; nur dürfen wir eben nicht erwarten, daß unsere Probleme von Prag und Warschau gratis gelöst werden. Erhebliche finanzielle Ausgleichsleistungen wären wohl das mindeste, was man von Deutschland fordern würde.

Wie unsicher auch die »Erlösung« durch das Schengener Abkommen ist, zeigt der Artikel 30, Absatz 3 des Abkommens (er entspricht im Dubliner Vertrag dem Artikel 8): »Läßt sich nicht feststellen, auf welchem Wege der Asylbewerber einreiste, ist zwangsläufig der Staat zuständig, in dem der Antrag gestellt wird.«[97] Aber: 94 Prozent der Asylbewerber in Deutschland reisen nach Auskunft des Bundesinnenministeriums ein und stellen dann erst den Antrag. Man ist hinsichtlich des Einreiseweges häufig auf ihre eigenen Angaben angewiesen. Läßt sich dieser nicht ausreichend nachweisen, ist das Bundesamt zuständig. In all diesen Fällen hätte sich an der jetzigen Situation nichts geändert.

Es bleibt dabei: Wir müssen uns selbst helfen! Unsere Nachbarn sind nun einmal nicht daran interessiert, sich Deutschlands Asylbewerber einzuhandeln. So notwendig es langfristig bleibt, eine europäische Asylpolitik zu entwickeln, so wenig wird uns dieses Bemühen in den nächsten Jahren vom starken Asyl-Andrang entlasten. Hunderttausende werden weiterhin kommen, denn deutsche Liberalität und Großzügigkeit haben sich bis in den hintersten Winkel dieser Welt herumgesprochen. Deshalb muß eine weitgreifende Grundgesetzänderung *jetzt* die Voraussetzungen dafür schaffen, die Verfahren rasch durchzuführen.

Es ist ein gewaltiger Unterschied, ob ein Asylbewerber nach zwei Wochen wieder ins Flugzeug gesetzt werden kann oder ob er ein Jahr lang in Deutschland Sozialhilfe bezieht. Das müßte eigentlich auch SPD-Politikern verständlich sein. Während des Wahlkampfes in Baden-Württemberg erzählte der SPD-Fraktionsvorsitzende ein ums andere Mal, eine Grundgesetzänderung bringe nichts: »Glauben Sie denn, die lesen das Grundgesetz, bevor sie herkommen?« Damals glaubte er auch noch an »vier bis fünf Prozent Zugewinn« seiner Partei bei den Landtagswahlen im Südwesten.[98]

Der Deutlichkeit halber sei nochmals gesagt: Eine einheitliche europäische Asylpolitik ist notwendig, sie muß und sie wird kommen. Das kann zum Beispiel auf Grundlage der von den meisten Staaten ohnehin unterzeichneten Genfer Flüchtlingskonvention geschehen. Soll diese Harmonisierung jedoch die Probleme in Deutschland lösen helfen, dann dürfen wir nicht das Land bleiben, das 50 bis 60 Prozent aller Asylbewerber Europas aufnimmt. Eine Harmonisierung ist nur dann sinnvoll, wenn sie mit einer Regelung über die Verteilung der Asylbewerber verbunden ist. Die Zustimmung der europäischen Partner zu einer solchen Regelung wird es nur geben, wenn die Deutschen zuvor ihre Hausaufgaben gemacht haben. Bei der unvermeidlichen Änderung des Artikels 16 würde das Parlament lediglich dem seit langem bestehenden Verlangen der überwältigenden Mehrheit der deutschen Bevölkerung entgegenkommen. Weil die Änderung dieses Artikels aber eben nur einen Teil der Mißstände beseitigen kann, wäre der Bundestag gut beraten, die notwendig gewordene Operation gründlich zu machen, damit baldige Nachbesserungen überflüssig sind.

Europa allein wird uns nicht retten. Unsere Nachbarn können sich über die Deutschen und ihr Individualrecht auf Asyl nur wundern. Sehr deutlich wird in dieser Hinsicht ein Bericht des französischen Senats über die Durchführung des Schengener Abkommens: »Heute schon muß Deutschland mehr als eine halbe Million Wirtschaftsflüchtlinge aufnehmen [. . .] Im Schengener Raum werden diese Flüchtlinge auch die unsrigen [. . .] Das

Risiko ist groß, für Deutschlands Nachbarn eine Verlegung [das heißt, Abwanderung] dieser Bevölkerungskreise aufgrund der Ausländerfeindlichkeit oder des wirtschaftlichen Drucks zu sehen [. . .] Deutschland muß also wirklich angehalten werden, sein Asylrecht abzuändern. Gewisse deutsche Gesprächspartner des Ermittlungsausschusses haben sogar ausdrücklich den Wunsch geäußert, Frankreich möge dahingehend gegen ihr Land Druck ausüben.«[99]

Diese Ausführungen lassen Zweifel aufkommen, ob unsere Nachbarländer wirklich über den Asylbewerberschwamm namens Bundesrepublik froh sind. Es ist gleichwohl unwahrscheinlich, daß europäische Abkommen Deutschland im juristischen Sinne zwingen werden, das Grundgesetz zu ändern. Was uns dazu zwingen sollte, ist das Eigeninteresse. Der Gesetzgeber muß selber den Willen haben, das Asylrecht so zu gestalten, daß eine europäische Harmonisierung möglich und Schaden von unserem Volk abgewendet wird.

## Das Angebot an eine unbegrenzte Zahl

Das Asylrecht der Bundesrepublik Deutschland ist ein Angebot an eine unbegrenzte Zahl von Menschen. Die lapidare Bestimmung des Grundgesetzes kann wie folgt übersetzt werden: Jeder Ausländer, der an die Grenze zur Bundesrepublik Deutschland kommt und das Wort Asyl sagt, hat das Recht, für die Dauer des Verfahrens auf Kosten des deutschen Steuerzahlers hier zu leben. Eine wertende Begrenzung kennt das deutsche Asylrecht nicht. Es ist absolut. Ein nach der Lage der Dinge mehrjähriges Verfahren müßten Saddam Hussein, Gaddafi oder Idi Amin ebenso erhalten wie Mitarbeiter des KGB.

Auf das Asyl-Grundrecht haben alle politisch Verfolgten dieser Erde Anspruch, sofern sie deutschen Boden erreichen. Jeder kann kommen und dieses Recht in Deutschland einklagen. Gäbe es einen Umsturz in Iran und die fundamentalistischen Ayatollahs würden fortan unterdrückt, so müßte Deutschland sie aufnehmen. Würde in Rußland eine rechtsextreme Partei staatlich verfolgt, so müßte Deutschland diese Rechtsextremen aufnehmen. Wer weiß, demnächst finden sich vielleicht Fidel Castro und Nadschibullah in Deutschland ein. Ihre Chancen auf Asylgewährung wären nicht schlecht. Ließe Peking morgen 10 Millionen Dissidenten ausreisen, so wäre es verfassungswidrig, diese Menschen nicht aufzunehmen. Das Grundrecht auf Asyl ist voraussetzungs- und schrankenlos.

In anderen Ländern sind Einschränkungen vorhanden.[100] In Frankreich wird Schutz gewährt, wenn jemand »wegen seines Eintretens für die Freiheit verfolgt wird«. Wer »in seinem eigenen Land an der wirksamen Ausübung der demokratischen Freiheiten, wie sie in der italienischen Verfassung garantiert werden, gehindert ist«, der erhält in Italien Schutz vor Verfolgung. Wer wegen »Tätigkeit für die Demokratie, für die soziale oder nationale Befreiung, für den Frieden zwischen den Völkern oder für die Freiheit und Rechte des einzelnen verfolgt« wird, kann in Portugal Schutz erwarten. Es gibt jedenfalls kein weiteres Land in der Welt, in dem das absolute Asylrecht als individueller Rechtsanspruch gewährt wird.

Zwar hat die bisherige Entwicklung bewiesen, daß das millionenfache Angebot der Bundesrepublik Deutschland in Gestalt eines absoluten Asylgrundrechtes in der Praxis nicht millionenfach in Anspruch genommen wurde, aber die steigenden Zahlen verdeutlichen die Gefahren. Die moderne Nachrichtentechnik und das Anwachsen des weltweiten Verkehrs verstärken die Tendenz zu einem weiteren Anstieg der Asylbewerberzahlen. Die Bundesrepublik Deutschland hat jedenfalls schon jetzt die Grenze ihrer Belastbarkeit erreicht. Deutschland ist geographisch betrachtet ein relativ kleines Land. Aus geologischen und wirtschaftlichen Gründen ist es gezwungen, Grund und Boden industriell und landwirtschaftlich gleichermaßen intensiv zu nutzen. Die Folge ist eine seit vielen Jahrzehnten anhaltende Erschließung, Zersiedelung und ökologische Zerstörung der ohnehin knappen Gebiete und Gebietsreserven, die für die Regenerierung von Mensch und Natur zur Verfügung stehen. Unter ökologischen und naturschützerischen Aspekten ist die Besiedelungskapazität Deutschlands erschöpft. Hierzu hat nicht zuletzt beigetragen, daß zwischen 1945 und 1949 11,4 Millionen Vertriebene in das verbliebene deutsche Staatsgebiet strömten und zwischen 1950 und 1991 nochmals 2,6 Millionen deutsche Aussiedler zu uns kamen. Wesentlichen Anteil hieran haben aber auch die rund 5,4 Millionen in der Bundesrepublik lebenden Ausländer mit ihren Angehörigen, die als Arbeitskräfte auf Zeit angeworben wurden und als Folge der konzeptionslosen und kurzsichtigen Ausländerpolitik aller Bundesregierungen heute praktisch als Einwanderer angesehen werden müssen.

Die Bevölkerungsbewegungen, die sich innerhalb der letzten vier Jahrzehnte in Richtung auf die Bundesrepublik Deutschland vollzogen haben, sind in der Geschichte der Menschheit ohne Beispiel, desgleichen die hierbei vollbrachten Leistungen auf dem Gebiet der Aufnahme und Integration. Sie belegen jedoch zugleich, daß das Aufnahmevermögen unseres Landes erschöpft und die deutsche Politik verpflichtet ist, weiterer Zuwanderung größeren Umfanges Einhalt zu gebieten.

## Kultur – Multikultur – Multikonflikt

Das Zusammenleben von Menschen unterschiedlicher Rassen, Nationalität, Hautfarbe und religiöser Bekenntnisse hat sich zu allen Zeiten und in allen Ländern als problematisch und konfliktträchtig erwiesen. Es vergeht kaum ein Tag, an dem die Medien nicht aus vielen Teilen der Welt über erbitterte und mit größter Grausamkeit geführte Auseinandersetzungen zwischen Volksgruppen berichten. Die von Regierungen zu treffenden Maßnahmen zur Gewährleistung eines geordneten Zusammenlebens müssen von einem hohen Maß an Sensibilität, Geschick, Realismus und Einsicht in psychologische Gesetzmäßigkeiten geprägt sein. Nur so kann die höchst labile und permanent gefährdete Balance zwischen den untereinander rivalisierenden beziehungsweise einander feindselig gegenüberstehenden Volksgruppen gewahrt werden.

Das Recht hat sich international so entwickelt, daß man jedem Volk zubilligt, in einem Staate zu leben. Die prinzipielle Homogenität betrifft nicht nur die Lebensverhältnisse und das innerstaatliche Recht, sondern ebenso die Volkszugehörigkeit. Auch das Grundgesetz geht davon aus, daß die deutschen Staatsangehörigen im Grundsatz deutsche Volkszugehörige sind. Daraus ergibt sich einerseits die Verpflichtung, deutschen Volkszugehörigen, die als Flüchtlinge zu uns kommen, die Staatsangehörigkeit zu verleihen. Andererseits haben deutsche Staatsangehörige ganz selbstverständlich besondere Rechte. Auch ist es der Auftrag des Grundgesetzes, die *nationale* und staatliche Einheit zu wahren. Verfassungsgesetzgeber ist das *deutsche Volk* in seinen Ländern, und auch der Name Bundesrepublik *Deutschland* enthält eine Verpflichtung zur deutschen Identität. Gewiß kann sich mit der Wirklichkeit auch das Recht ändern, aber viele Gründe sprechen dafür, die rechtliche Grundlage, die weder die multikulturelle Gesellschaft noch den Vielvölkerstaat kennt, zu beachten, um Schaden von unserem Volk abzuwenden.

Dabei steht an erster Stelle die Erkenntnis: Multikulturelle oder multinationale Gesellschaften sind meist Konfliktgesellschaften. In der Regel läßt sich eine relativ homogene Staatsbevölkerung leichter regieren, weil sie eine größere Gewähr für die Bewahrung des inneren Friedens bietet.[101] Zunächst macht es einen Unterschied, ob es sich bei den ethnischen Minderheiten um autochthone Bevölkerungsteile handelt wie die Basken in Spanien oder die Tiroler in Italien. In diesem Falle stellt sich die Frage besonderer Formen der Autonomie. Anders ist es, wenn multi-ehtnische Strukturen aufgrund von Einwanderung zustande kommen. Wenn es sich um Einwanderung handelt, macht es einen Unterschied, ob im 18. und 19. Jahrhundert Menschen nach Amerika wanderten, wo sie in einen fast menschenleeren

Kontinent kamen, oder ob die Wanderungen in ein bereits dicht besiedeltes Land, wie die Bundesrepublik, erfolgt. Je dichter die schon vorhandene Besiedelung, desto größer ist die Konfliktneigung.

Natürlich ist es keineswegs gleichgültig, aus welchem Kulturkreis die Einwandernden kommen. »Handelt es sich um den Zuzug genetisch und kulturell nah Verwandter, dann pflegen sich Immigranten schnell zu integrieren, das heißt, sie übernehmen Sprache und Kultur des Volkes, das sie aufnahm.«[102] Dies gilt etwa für die französischen Hugenotten, die nach Deutschland kamen. Kommen die Einwandernden aus ganz anderen Kulturkreisen, dann kann es zu lang anhaltenden oder gar dauernden Abgrenzungen kommen. Dies wird sicher für nordafrikanische Muslime in Frankreich gelten, aber auch für Türken, die nach Deutschland kommen. Die blutigen Unruhen im Frühjahr 1992 in Los Angeles zeigen, wie explosiv sich eine latente Konfliktbereitschaft entladen kann. Je größer die kulturelle Distanz zwischen einheimischer Bevölkerung und Einwandernden, desto größer ist die Wahrscheinlichkeit von Konflikten.

Der von Multi-Kulti-Ideologen unternommene Versuch, die Wanderung der Hugenotten nach Preußen mit den heutigen Wanderungsströmen zu vergleichen, ist absurd. Die protestantischen Franzosen wurden von einem menschenarmen Preußen aufgenommen, dem der Dreißigjährige Krieg schwere Wunden geschlagen hatte. Sie waren handwerklich gut ausgebildet und der heimischen Bevölkerung teils überlegen. Das war wirklich eine Bereicherung.

Heute leben sechs Millionen Ausländer in Deutschland, von denen rund 2,2 Millionen Moslems sind. Allmählich sollte sich die Einsicht durchsetzen, daß sich der Islam immer stärker als ein riesiges Integrationshemmnis erweist. Als Stichworte seien genannt: die Rolle der Frau, die Trennung von Staat und Kirche, Religionsfreiheit. Die Grundlage eines gedeihlichen Zusammenlebens in Deutschland kann nur das Grundgesetz sein, auch die eifrigsten Befürworter der multikulturellen Gesellschaft bestreiten dies nicht. Es fragt sich, inwieweit ein Moslem beispielsweise die Gleichberechtigung der Frau oder die Trennung von Staat und Religion wirklich akzeptieren kann. Er kann es entweder nur taktisch, also mit dem Hintergedanken, nur so lange zuzustimmen, wie äußere Notwendigkeit dies erfordert, oder aber um den Preis der Aufgabe des Islam.

Das ist dem Moslem aber kategorisch verboten. Auch die sogenannten liberalen Schulen des Islam fordern, die endgültige Abwendung vom Islam sei mit dem Tode zu bestrafen, wie der Koran es vorsieht. Dies ist natürlich mit dem westlichen Verständnis von Religionsfreiheit nicht zu vereinbaren. Eine Integration der Moslems durch Aufgabe des Islam ist nicht zu erwarten; eine Integration der Moslems als Moslems wiederum kann allenfalls oberflächlich sein. Bei zahllosen Anlässen würden Konflikte aufbrechen, beispielsweise schon bei der Frage, ob die Tochter einer islamischen Familie eine Berufsausbildung absolvieren soll oder ob sie einen Nicht-Moslem heiraten darf (für islamische Frauen verboten).

Der Islam hat ein anderes Familienverständnis, Kinderreichtum hat einen hohen positiven Stellenwert. Bei anderen Ausländergruppen hat sich die Familiengröße inzwischen der deutschen angepaßt. Bei den Moslems ist damit kaum zu rechnen. Dies verschärft die Problematik und gibt ihr die Dynamik für die Zukunft: Auch ohne jede weitere Zuwanderung wird die Zahl der Moslems in Deutschland weiter steigen. Unserem Land droht die Überfremdung von innen heraus, weil der Bevölkerungsanteil der Deutschen ständig sinkt.

Für liberale und demokratische Werte wie Religionsfreiheit, Trennung von Staat und Kirche und Gleichberechtigung der Geschlechter wurde in Europa jahrhundertelang gekämpft. Es ist schon eine besondere Ironie, daß gerade die linken und liberalen Kräfte, die diesen Kampf ausgefochten haben, heute die eifrigsten Prediger einer Einwanderungspolitik sind, die in ihren Resultaten diese abendländischen Grundwerte gefährden muß.

Jetzt kommen Millionen Arme, die sprachunkundig, unausgebildet und teilweise Analphabeten sind. Sie kommen in ein Land, das allenfalls qualifizierte Arbeitskräfte benötigt, weil die lohnintensiven einfachen Tätigkeiten längst in Billiglohnländer verlagert wurden. In den Schulen wird das Niveau durch diese Zuwanderung gedrückt, und die deutschen Kinder finden sich zum Teil als Minderheit in einer Klasse wieder. Dies und manches andere schafft latente Konflikte. Man kann sie nur durch eine Kontrolle der Zuwanderung entschärfen. Alles Lebendige zeichnet sich durch Wachstum und Vergehen aus. Deshalb bedarf es der Zeit. Konflikte lassen sich nur vermeiden, wenn die Zeit für ein allmähliches Gewöhnen da ist und die Zuwanderung maßvoll erfolgt. Die Zahlen dürfen nicht zu hoch und die Zeit darf nicht zu kurz sein. Andernfalls bedeutet multikulturelles Zusammenleben einen »Kulturkampf auf breiter Front«. »Unser heutiges Problem ist komplizierter, weil es nicht mehr darum geht, im Lauf einer tausendjährigen Geschichte die verschiedensten europäischen Individuen in einen langsam sich wandelnden Volkskörper einzubeziehen, sondern weil [...] in sich geschlossene fremde Minderheiten auf ein Staatsvolk mit einer ausgeprägten eigenen Identität stoßen, so daß weder von der zur Verfügung stehenden Zeit noch von den Größenordnungen her eine Vergleichbarkeit mit den aus der deutschen Geschichte bekannten Gewöhnungsprozessen gegeben ist. Es entwickeln sich in der Bundesrepublik Phänomene, die selbst einen bekennenden Internationalisten an seinen Überzeugungen irre werden lassen müssen.«[103]

Es muß das Bemühen der Politik und der Gesellschaft sein, ein Zusammenleben verschiedener Ethnien zu gewährleisten. Das ist ein selbstverständliches Postulat, und durch Predigten soll man es einfordern. Nur sollten wir uns der begrenzten Wirksamkeit solcher Predigten bewußt sein. Übertreibt man damit, wird eher das Gegenteil des Gewollten erreicht. Die Politik aber muß mit den vorgegebenen Realitäten fertig werden. Das Modell vom multikulturellen Zusammenleben ist nun einmal ein Ideal, das nicht mit der Wirklichkeit in Einklang zu bringen ist.

Oftmals vernimmt man aus linksgerichteten Kirchenkreisen, man kenne keine Ausländer, sondern nur Menschen. Ein solches Argument geht offenbar darüber hinweg, daß die Kategorie Nation trotz 2000 Jahren Kirche und Christentum nach wie vor eine wesentliche Rolle in der Politik spielt, und die Möglichkeit des friedlichen Zusammenlebens weitgehend von der nationalen Identität des Staates abhängt. Die Ideologen der »postnationalen Gesellschaft« und des »Verfassungspatriotismus« sind durch die politischen Entwicklungen der letzten Jahre gründlich widerlegt worden.

Wenn die Bundesrepublik von akuten Spannungszuständen zwischen der einheimischen Bevölkerung und ausländischen Bevölkerungsgruppen bislang glücklicherweise verschont geblieben ist, so kann doch nicht in Abrede gestellt werden, daß es bei großen Teilen der deutschen Bevölkerung von Beginn der Gastarbeiteranwerbung an bis auf den heutigen Tag starke Vorbehalte gegen die Anwerbungspolitik und insbesondere ihre quantitative Dimension gegeben hat. Tatsächlich sind die Deutschen nicht mehr oder weniger »ausländerfeindlich« als andere Nationen. Aber die Gefahr sozialer Spannungen hängt naturgemäß von der zahlenmäßigen Entwicklung der Ströme der Ausländer und besonders auch der Asylbewerber ab.

Mit dem Ende der Vollbeschäftigungsära und dem Eintritt in eine Phase lang anhaltender Massenarbeitslosigkeit hat sich die Stimmung naturgemäß verändert. Die Bevölkerung empfindet die Gastarbeiterbeschäftigung in ihrem derzeitigen Umfang als eine Belastung des Wirtschafts- und Sozialsystems, die auf Dauer schwer vertretbar ist und mit der beiderseitigen Vorteilhaftigkeit, die der ursprünglichen Gastarbeiteranwerbung zugrunde lag, nichts mehr zu tun hat. Vielmehr ist ein Import der sozialen Probleme anderer Länder und eine Blockierung dringend benötigter Arbeitsplätze durch Ausländer an die Stelle der Vergabe freier Arbeitsmarktkapazitäten an Gastarbeiter getreten. Deshalb muß bei realistischer Betrachtungsweise festgestellt werden, daß der Frieden zwischen der einheimischen Bevölkerung und den in unserem Lande lebenden Ausländern außerordentlich labil ist und schon bei geringfügigen Anlässen verhältnismäßig stark erschüttert zu werden droht. Dies um so mehr, wenn Anlaß, Reaktionen und Gegenreaktionen zur wechselseitigen Eskalation führen.

Zu einer in diesem Sinne gefährlichen Einflußgröße kann sich die von der deutschen Bevölkerung als falsch, wirklichkeitsfremd und ihren Interessen zuwiderlaufend empfundene Asylpolitik entwickeln. Weite Kreise der Bevölkerung sind nicht bereit oder auch nicht in der Lage, in dem gebotenen Maße zwischen »Asylbewerbern« und sonstigen »Ausländern« zu differenzieren. Die Hilflosigkeit und Unfähigkeit der Regierung auf dem Gebiet der Asylpolitik trägt leider dazu bei, generell den Unmut gegen »die Ausländer« zu schüren. Deshalb liegt eine Änderung der Asylpolitik auch und gerade im Interesse der in unserem Land lebenden Ausländer.

Es bedarf nur geringer Phantasie, um sich eine Kombination von Einflußfaktoren vorzustellen, die in der Wechselwirkung eine gefährliche Eskalation auslösen könnten: Anhaltend starker Asylbewerberzustrom, weiterhin angespannte Arbeitsmarktsituation, Ausbruch »importierter« Konflikte zwischen Asylantengruppen und fehlende Reaktionen von staatlicher Seite könnten bei unserer Bevölkerung den Eindruck hervorrufen, die Politik sei inkompetent und von falsch verstandenem Liberalismus, Sozialromantizismen und Schuldkomplexen geprägt, nicht aber von dem Bemühen, die durchaus nicht unbegründeten Gefühle des Bedrängt- und Bedrohtseins zu verstehen und politische Folgerungen daraus abzuleiten.

Hinweise auf solche Gefahrenpunkte und Wechselwirkungen sind kein Plädoyer für rigorose Restriktionen auf dem Gebiet der Asylpolitik. Sie sind vielmehr ein Appell zu mehr Mut und zur Konsequenz und zu mehr Respekt gegenüber berechtigten Anliegen des »mündigen Bürgers«, der heute allzu leichtfertig von Politikern und Medien als »Stammtischbruder« diffamiert wird. Atmosphärische Spannungen können sich zusätzlich dann ergeben, wenn zwischen den humanitären Wert- und Zielvorstellungen des Asylrechtes und der von schwerwiegendem Mißbrauch geprägten Asylwirklichkeit beachtliche Diskrepanzen ergeben, die von der Bevölkerung als empörend empfunden werden. Eine Politik, die das Asylrecht grundsätzlich bejaht, ist verpflichtet, auf Entwicklungen hinzuweisen, die dieses Recht und seine positive Verankerung im Bewußtsein unserer Bevölkerung gefährden. Dazu bietet die gegenwärtige Lage eine Reihe von Anlässen. Nach wie vor beansprucht ein großer Teil der Asylbewerber das Asylrecht nicht wegen einer politischen Verfolgung, sondern aus wirtschaftlichen Gründen. Häufig sind diese Menschen selbst Opfer skrupelloser Schlepperbanden, von denen sie durch falsche Versprechungen um ihre letzte Habe gebracht wurden. Darüber hinaus mißbrauchen aber zahlreiche Asylbewerber das ihnen gewährte Gastrecht zur Begehung von Straftaten, insbesondere auf dem Gebiet der Rauschgift- und Gewaltkriminalität, aber auch zu Schwarzarbeit und Prostitution.

Die Asylwirklichkeit in Deutschland ist in erheblichem Maße durch Zustände gekennzeichnet, die eine an dem Wohl und der Sicherheit der Bevölkerung und des Staates und dem Schutz wirklicher Flüchtlinge orientierte politische Führung auf Dauer nicht hinnehmen darf. Der beständige Mißbrauch eines Rechtes diskreditiert dieses, beeinträchtigt den Rechtsfrieden und schmälert das Vertrauen in die Handlungsfähigkeit des Staates. Zugleich werden radikale Tendenzen gefördert, die sich schließlich auch in weiteren Parteigründungen manifestieren können.

Die Politik unseres Landes ist aufgefordert, im Bemühen um Vergangenheitsbewältigung, Liberalität und Humanität die Sorgen, Nöte und Wünsche der eigenen Bevölkerung nicht aus den Augen zu verlieren und das Wort Asyl auf seinen eigentlichen Inhalt zurückzuführen: Es darf weder das Zauberwort zum Eingang in das vermeintliche Wirtschaftswunderland noch darf es ein Schimpfwort sein oder werden. Es muß das Synonym sein für Schutz und Zuflucht für diejenigen Menschen, die unserer Hilfe als letzter Rettung vor politischer Verfolgung bedürfen.

## Tabu Ausländerkriminalität

Die weit überdurchschnittliche Kriminalitätshäufigkeit unter Ausländern und Asylbewerbern im Vergleich zur Gesamtbevölkerung ist kein neues Phänomen. Allerdings war diese Problematik bislang in Deutschland weitgehend tabuisiert. Von den größeren Zeitungen wurde nur selten, von Politikern fast nie offen darüber gesprochen. Die Angst vor dem Vorwurf, »ausländerfeindlich« zu sein oder »Ausländerfeindlichkeit« zu schüren, hat jede sachliche Debatte im Keim erstickt. Diese Tabuisierung hat auch dazu geführt, daß es nur wenige fundierte Untersuchungen und infolgedessen einen Mangel an aussagefähigen Zahlen gibt, vor allem zur Frage der Kriminalität unter Asylbewerbern. Deshalb wird die Ausländerkriminalität in diesem Kapitel in ihrer Gesamtheit untersucht. Wo immer es die Datenbasis erlaubt, wird die Frage der Kriminalität im Asylbereich besonders berücksichtigt.

Jahrelang wurde in Deutschland von linken und liberalen Multikulturalisten versucht, die erhöhte Ausländerkriminalität schönzureden und schönzurechnen. Dabei haben sicher auch sehr ehrenwerte Motive eine Rolle gespielt. Aber nur wenige der dabei vorgebrachten Argumente sind wirklich stichhaltig und führen zu einer gewissen Relativierung der erschreckenden Zahlen. Einzelne Stimmen gingen gar so weit, mit absurden Rechenkunststücken die überhöhte Kriminalitätsbelastung unter Ausländern gänzlich aus der Welt zu rechnen und sie am Ende als ein »Artefakt der Kriminalstatistik« erscheinen zu lassen.[104] Hier waren die Motive aber sicher nicht mehr so ehrenwert, standen doch am Ende Polizei und konservative Politiker als diejenigen da, die angeblich danach trachteten, mit unbegründeten Verdächtigungen und irreführenden Zahlen eine ganze Bevölkerungsgruppe ungerechtfertigt zu »kriminalisieren«.

Aber nun zu den konkreten Zahlen und Argumenten: 1991 waren in den alten Bundesländern 27,6 Prozent aller von der Polizei ermittelten Tatverdächtigen Ausländer. Ihr Anteil an der

Wohnbevölkerung betrug dort aber nur 8,7 Prozent. Dieses Mißverhältnis ändert sich nur wenig, wenn man berücksichtigt, daß ein gewisser Teil der tatverdächtigen Ausländer Touristen, Angehörige von Stationierungsstreitkräften oder Illegale waren, die nicht zur Wohnbevölkerung zählen.

Der Anteil der Asylbewerber unter den tatverdächtigen Ausländern wiederum betrug 1990 22,6 Prozent, fast viermal soviel, wie es ihrem Anteil unter den Ausländern (1990 etwa 6 Prozent) entsprochen hätte. 1991 stieg dieser Anteil weiter auf 26,7 Prozent. Setzt man die jeweilige Zahl der Tatverdächtigen zur Größe der deutschen und der ausländischen Bevölkerung und zur Zahl der Asylbewerber ins Verhältnis, dann ergeben sich für 1990 die folgenden Prozentwerte: Bei der deutschen Bevölkerung 1,8 Prozent, bei der ausländischen Bevölkerung (bei einer geschätzten Zahl im Jahresdurchschnitt von 4,7 Millionen ohne die Asylbewerber) etwa 6,3 Prozent, bei den Asylbewerbern dagegen volle 28 Prozent: Auf rund 310000 Asylbewerber kamen 86690 Tatverdächtige! Der letzte Wert ist nicht genau zu ermitteln, da die Zahl der zu einem bestimmten Zeitpunkt anwesenden Asylbewerber immer nur geschätzt werden kann: Es gibt Rückreisen ohne Abmeldung ebenso wie wiederholte oder mehrfache Antragstellung unter verschiedenen Namen und Abtauchen in die Illegalität. Der tatsächliche Wert kann aus diesem Grund auch 26 oder 30 Prozent betragen.

Diese Zahlen besagen auch nicht, daß 1990 fast jeder dritte Asylbewerber einer Straftat verdächtigt worden wäre, denn es gibt natürlich Mehrfachtäter, und nicht jeder Tatverdacht führt zur Anklageerhebung; auf der anderen Seite steht die Dunkelziffer. Jedenfalls haben wir hier mit Sicherheit ein enormes soziales Problem vor uns. Hinter den Zahlen verbergen sich menschliches Leid und wirtschaftliche Schäden, die am Ende Abwehrreaktionen der einheimischen Bevölkerung zur Folge haben mußten. Politiker, denen die Sicherheit der Bevölkerung und der innere Frieden wichtig sind, hätten sich viel früher dieses Problems annehmen, die notwendigen Analysen durchführen und die politischen Konsequenzen ziehen müssen. Es ist bedauerlich, daß Parteien rechts der Union zweistellige Ergebnisse bei Landtagswahlen erzielen mußten, um einem großen Teil unserer Innenpolitiker das ideologische Brett vor dem Kopf abzuschrauben, das sie daran gehindert hatte, das Problem auch nur zur Kenntnis zu nehmen. Eine wirksame Bekämpfung der Ausländerkriminalität liegt natürlich auch im Interesse der großen Mehrheit derjenigen Ausländer, die nie mit dem Gesetz in Konflikt kommen. Schließlich können auch sie jederzeit Opfer der Kriminalität werden, leiden im übrigen unter ausländerfeindlichen Stimmungen, die vor allem auch durch die hohe Ausländerkriminalität erzeugt wird.

Eine ganze Reihe von Argumenten hat lange Zeit verhindert, daß das Problem »Ausländerkriminalität« so ernst genommen wurde, wie es nötig gewesen wäre. Die meisten dieser Argumente halten einer näheren Überprüfung nicht stand. Zunächst wird immer wieder mit dem Hinweis operiert, ein großer Teil der Ausländerkriminalität bestünde in *Verstößen gegen das Ausländer- und Asylverfahrensgesetz.* Da Deutsche diese Gesetze nicht (oder nur als Beihelfer) verletzen könnten, müßte dieser Teil der Ausländerkriminalität bei der Analyse ausgeblendet werden. So richtig der Sachverhalt ist, so falsch ist doch die Folgerung: Es gibt ja auch eine ganze Reihe von Gesetzen, gegen die ausschließlich Deutsche verstoßen können. Zu nennen sind hier beispielsweise das Wehrrecht und das gesamte Beamtenrecht. Entsprechende Gesetzesverstöße durch Deutsche müßten dann beim Vergleich ebenfalls unbeachtet bleiben. Beides kann nicht sinnvoll sein. Deutsche und Ausländer sind partiell in einer anderen Situation, deshalb gelten auch partiell andere Gesetze für sie. An der Verbindlichkeit dieser Gesetze ändert das nichts. Wer als ausländischer Beschäftigter oder als politisch Verfolgter zu uns kommt, weil er hier bessere Verdienstmöglichkeiten oder Schutz sucht, von dem muß verlangt werden, daß er die entsprechenden Gesetze beachtet. Für Gäste, und um solche handelt es sich, sollte dies eine Selbstverständlichkeit sein.

Ein weiteres Argument ist die *spezifische Bevölkerungsstruktur* der in Deutschland lebenden Ausländer. Unter ihnen gibt es mehr junge Männer und weniger alte Frauen, als unter der deutschen Bevölkerung. Aber auch unter den Deutschen begehen alte Frauen weniger Straftaten als junge Männer. Dieses Argument ist zutreffend. Es erklärt allerdings nur einen kleinen Teil der übermäßigen Delinquenz, wie sich beim direkten Vergleich der entsprechenden Bevölkerungsgruppen schnell herausstellt: Auch dann noch sind Ausländer deutlich häufiger straffällig als Deutsche. Für die Opfer der Kriminalität ist es ohnehin keine Beruhigung, daß in Deutschland vor allem solche ausländischen Bevölkerungsgruppen vertreten sind, die überproportional straffällig werden. Dies gilt auch für das nächste Argument:

Immer wieder werden die Konzentration der Ausländer in den *Großstädten*, ihre im Durchschnitt *geringere Ausbildung* und die *höhere Arbeitslosigkeit* als verzerrende Elemente in der Kriminalstatistik angeführt. Denn alle diese Faktoren gehen auch bei der deutschen Bevölkerung mit erhöhter Kriminalität einher. Nun, so richtig diese Fakten sind, was folgt daraus? Es geht ja nicht um moralische Vorwürfe an irgend jemanden, sondern um möglichst viel Sicherheit für die Bevölkerung durch möglichst wenig Kriminalität. Zuwanderer ziehen überall auf der Welt eher in die großen Städte als aufs Land. Und wenn die ausländische Bevölkerung in Deutschland nach wie vor weniger gut ausgebildet ist, dann zeigt das allenfalls, daß die sprachliche und kulturelle Barriere als Hindernis bei der Ausbildung unterschätzt oder daß nicht die Richtigen angeworben worden oder zu uns geströmt sind. In allen diesen Fällen war unsere Zuwanderungspolitik falsch oder ist von unrichtigen Voraussetzungen ausgegangen. Gerade solange diese Fehler fortgesetzt werden, kann dieses soziologische Argument niemanden beruhigen.

Schließlich hört man immer wieder, Ausländer und Asylbewerber gerieten schneller als Deutsche unter Tatverdacht. Die Tatverdächtigenzahlen seien deshalb *nicht aussagefähig*, vielmehr müßten die Zahlen der Verurteilten miteinander verglichen werden. Richtig ist, daß sich das beschriebene Mißverhältnis etwas reduziert, wenn die Verurteiltenzahlen verglichen werden. Viele Angeklagte werden aber nicht wegen erwiesener Unschuld freigesprochen, sondern mangels Beweisen oder wegen Geringfügigkeit. Außerdem ist mit der Dunkelziffer zu rechnen. Es kann davon ausgegangen werden, daß diejenigen Gruppen, die häufiger Straftaten begehen, auch einen größeren Anteil an den vielen nicht angezeigten oder nicht aufgeklärten Straftaten haben. Auch aus diesem Grund sind die Tatverdächtigenzahlen für eine Beurteilung der Problematik durchaus nicht irrelevant.

Die Argumente der »Relativierer« vernebeln nach wie vor die Diskussion des Problems der Ausländerkriminalität. Eines können sie alle nicht erklären: den enormen *Anstieg* dieser Kriminalität schon seit den siebziger Jahren. 1977 waren erst 12,1 Prozent aller Tatverdächtigen Ausländer, 1981 16,0 Prozent[105], 1987 waren es schon 20,0 Prozent und inzwischen liegt dieser Anteil bei 27,6 Prozent. Unter den jugendlichen Tatverdächtigen verdoppelte sich der Ausländeranteil seit 1984 sogar von 14,9 auf 31,6 Prozent.[106] Der Ausländeranteil an der Bevölkerung stieg aber nur von 6,4 Prozent 1977 über 7,1 (1984) auf 8,7 Prozent im Jahr 1991 (alte Länder).

Das zwanghafte Bemühen zur Relativierung und Schönfärberei durch selbsternannte »Ausländerfreunde« hat dazu geführt, daß ein ernstes Problem unserer Gesellschaft nicht erkannt, geschweige denn gelöst, sondern jahrelang verdrängt worden ist. Der massive Anstieg der Ausländerkriminalität während der letzten Jahre macht es dringend erforderlich, mit diesem Tabu endlich zu brechen und eine offene und sachliche Diskussion über dieses Thema zu beginnen.

## *Überraschende Details*

Die Kriminalität unter Ausländern ist nicht einfach »gleichmäßig um einen bestimmten Prozentsatz höher« als unter der deutschen Bevölkerung. Vielmehr gibt es eine ausgeprägte Konzentration auf bestimmte Delikte, auf bestimmte Nationalitäten und auf einzelne Städte. Wer heute auf offener Straße Opfer eines Raubüberfalls wird, wessen Konto mittels einer gefälschten Scheckkarte geplündert wurde oder wer sein Portemonnaie im Besitze eines Taschendiebes weiß, kann mit ziemlich hoher Wahrscheinlichkeit davon ausgehen, daß der Täter keinen deutschen Paß hatte, zumindest keinen echten: Alle diese Delikte einschließlich Urkundenfälschung werden weit überdurchschnittlich oft von Ausländern begangen.

Im einzelnen sind neben den diversen Verstößen gegen das Ausländer- und Asylverfahrensgesetz im Jahre 1991 vor allem die folgenden *Delikte* zu nennen:

Mord, Raubmord, Totschlag, Erpressung (je 31% ausländische Tatverdächtige), Tageswohnungseinbruch (32%), Handtaschenraub (34%), Kreditkartenbetrug (35%), Automatendiebstahl, Vergewaltigung (je 36%), Kfz-Hehlerei (38%), Heroinhandel/-schmuggel, Straftaten gegen die persönliche Freiheit (je 39%), Straßenraub (41%), illegale Drogeneinfuhr, außer Kokain (42%), Kokainhandel/-schmuggel (42%), Delikte in Verbindung mit Leiharbeit (43%), schwerer Ladendiebstahl (46%), Raubüberfälle auf Spielhallen (49%), Geld- und Euroscheckfälschung (52%), illegales Glücksspiel (53%), Urkundenfälschung, Inverkehrbringen von Falschgeld (je 54%), Drogenanbau und -herstellung als Mitglied einer Bande (54%), illegale Einfuhr von Kokain (56%)[107], Taschendiebstahl (77%), Einschleppen und Einschleusen (84%).[108]

Es gibt also kaum ein Delikt der Schwer- und Schwerstkriminalität, an dem Ausländer nicht mindestens viermal häufiger beteiligt sind, als es ihrem Bevölkerungsanteil entspräche! Besonders bedrückend ist die Tatsache, daß viele der ausländerspezifischen Delikte zugleich auch typisch sind für organisierte Banden: Hinter Drogendelikten, Geldfälscherei, illegalem Glücksspiel und Kfz-Hehlerei stecken immer häufiger wohlorganisierte Strukturen, bei Schlepperdelikten, Tageswohnungseinbrüchen und schwerem Diebstahl ist dies ebenfalls zunehmend der Fall. Es waren übrigens gerade die Drogendelikte, bei denen der Anteil der Ausländer 1991 gegenüber 1990 am stärksten zugenommen hat. Eine entschiedene Bekämpfung der Ausländerkriminalität ist also auch eine der wichtigsten Maßnahmen zur Bekämpfung der organisierten Kriminalität.

Kriminalität von Ausländern konzentriert sich stark in bestimmten *Großstädten.* Schon 1988 waren in München 32 Prozent aller Tatverdächtigen Ausländer, in Wuppertal waren es 37 Prozent, in Stuttgart 40 Prozent und in Frankfurt sogar 53 Prozent.[109] Diese Entwicklung hat sich seitdem noch deutlich verschlimmert, wobei exakte Zahlen aber nur selten veröffentlicht werden. Muß man sich da noch wundern, daß 1989 in Frankfurt die NPD ins Rathaus eingezogen ist?

Die Straßenkriminalität von Ausländern in unseren Großstädten hat ein häßliches Gesicht, sie bedroht ohne Unterschied Ausländer und Deutsche. Zwei aktuelle Berliner Beispiele:[110]

»Auf dem Charlottenburger Breitscheidtplatz an der Gedächtniskirche, als Treffpunkt der Berliner Drogenszene bekannt, entwikkelte sich am Wochenende aus noch nicht bekanntem Hintergrund eine heftige Auseinandersetzung zwischen drei Ausländern. Gegen 16.40 Uhr geriet am Sonnabend der Iraner Abdallah R. (28 Jahre alt) mit den Türken Mesut Y. (17) und Üztekin D. (18) in Streit. Plötzlich blitzten Messer, die drei Männer stachen aufeinander ein.«

»In der Vorhalle des Bahnhofs Zoo randalierte am Sonnabend Ismail N. (28) aus Kreuzberg: Erst griff er einer Polizistin von hinten an die Brust, dann versuchte er, ihr die Dienstwaffe zu entreißen. Als das mißlang und die Beamtin Ismail N. festnehmen wollte, trat und schlug er auf sie ein und zog sie an den Haaren.«

So liest man es täglich in der Zeitung. Zumeist sind diese Berichte allerdings einspaltig auf einer der hinteren Seiten. Wenn es umgekehrt um Tätlichkeiten von Deutschen gegen Ausländer geht, finden wir diese Berichte mehrspaltig auf der ersten Seite.

Es geht nicht darum, ausländerfeindliche Aktionen zu bagatellisieren. Aber es darf nicht übersehen werden, daß es auch zahlreiche umgekehrte Fälle gibt und viele Straftaten von Ausländern gegen andere Ausländer. Die permanente und penetrante Einseitigkeit der Berichterstattung in deutschen Medien gibt die Wirklichkeit nicht wieder. Liberale Volkspädagogen verschweigen alles, was nicht in ihr Bild einer harmonischen Multi-Kulti-Gesellschaft paßt.

Bemerkenswert, aber ebenfalls in hohem Maße tabuisiert, ist die Aufschlüsselung der Ausländerkriminalität nach den verschiedenen *Nationalitäten*. Einige wenige Nationalitäten, namentlich Portugiesen, Spanier und Griechen, unterscheiden sich in ihrer Kriminalitätshäufigkeit kaum von der deutschen Bevölkerung. In der ersten Phase der Zuwanderung ausländischer Arbeitskräfte lag deren Kriminalitätshäufigkeit sogar generell unter der der Deutschen: Vorbestrafte wurden von den Anwerbestellen nicht akzeptiert; wer hierherkam, wollte Geld verdienen an einem Arbeitsplatz, der schon auf ihn wartete. All das hat sich bekanntlich grundlegend geändert.

Heute sind ausnahmslos alle Ausländergruppen häufiger kriminell als die deutsche Bevölkerung, wenn auch in ganz unterschiedlichem Maße. Bezieht man die Zahl der Tatverdächtigen einer Nationalität auf die Zahl der im Jahresdurchschnitt hier lebenden Staatsangehörigen, dann ergibt sich für 1991 das folgende Bild:[111]

Portugiesen 2,2%, Spanier 2,4%, Griechen 2,7%, Österreicher 2,9%, Niederländer 3,1%, Italiener 3,9%, Schweizer 4,7%, Türken 4,9%, Vietnamesen (alte Bundesländer) ca. 5%, Briten 5,0%, Franzosen 5,7%, Chinesen 5,8%, Tunesier ca. 6,5%, Jugoslawen 7,3%, Afghanen 7,5%, Ungarn 8,2%, Iraner 8,4%, US-Amerikaner 8,9%, Syrer und Äthiopier ca. 9%, Marokkaner 9,1%, Ägypter ca. 10%, Pakistani 10,4%, Srilanker 11,9%, Polen 13,9% (1990: 23,4%), Inder 16,2%, Sowjetbürger ca. 22%, Libanesen 22,9%, Tschechoslowaken 26,9%, Bulgaren ca. 28%, Rumänen 52,4%.

Daneben gibt es kleinere Gruppen aus Schwarzafrika und die Albaner, die mit einer geradezu unglaublich hohen Kriminalität in Erscheinung treten. Nachfolgend werden die Zahl der Tatverdächtigen in den alten Ländern im Jahre 1990 und die Bevölkerungszahl der jeweiligen Nationalität in der Bundesrepublik am 30. September 1990 gegenübergestellt.[112] Gerade von diesen Gruppen kommen die allermeisten als Asylbewerber zu uns:

- Ghanesen: 6099 Verdächtige auf 17 854 Personen (34 %),
- Nigerianer: 3212 Verdächtige auf 8222 Personen (39 %),
- Albaner: 1551 Verdächtige auf 2548 Personen (60,8 %),
- Angolaner: 1467 Verdächtige auf 4187 Personen (35 %),
- Zairer: 1249 Verdächtige auf 3618 Personen (34,5 %),
- Somalier: 1399 Verdächtige auf 5149 Personen (27,1 %),
- Gambier: 1255 Verdächtige auf 1632 Personen (76,8 %)

Im Klartext heißt das: Im Jahre 1990 ist auf dem Asylticket eine Welle von Kriminellen vom Balkan und aus Schwarzafrika zu uns geschwappt.

Der Brief eines Kommunalpolitikers aus Brandenburg an Bundesinnenminister Seiters beschreibt eindringlich die bedrükkende Wirklichkeit, die sich hinter diesen dürren Zahlen verbirgt.[113] Ein erst im Herbst 1991 renoviertes Asylbewerberheim stand bereits im April 1992 wieder vor der »Totalrenovierung oder aber Schließung«, derartig hatten manche der rund 150 Asylbewerber dort gehaust. Die meisten von ihnen kamen aus Osteuropa, davon ein besonders hoher Anteil vom Balkan. Der Verfasser des Briefes beklagt »laufende Verstöße gegen die Heimordnung, insbesondere ruhestörender Lärm, Alkoholmißbrauch, maßloses Beschmutzen von Gemeinschaftseinrichtungen, Androhung von Gewalt, Erpressung und Diebstahl untereinander, Straftaten im Umland des Heimes, vorrangig Eigentumsdelikte, mutwilliges Zerstören von baulichen Anlagen und Einrichtungsgegenständen« und sogar »Brandanschläge und fahrlässige Brandstiftung«.

Die Reparaturkosten gingen bereits in die Zehntausende und

zunehmend seien »Ausfälle gegen die Heimangestellten mit Schimpfworten und Gewaltandrohung« zu verzeichnen. Beklagt wird die »Hilflosigkeit des Landkreises zur Durchsetzung seines Hausrechtes«. Wörtlich heißt es: »Selbst das Stellen von Heimbewohnern während einer größeren Diebstahlaktion, die anschließende Untersuchungshaft und das Gerichtsurteil konnten nicht die Abschiebung dieser Straftäter in ihr Heimatland bewirken. Im Gegenteil, sie sind nach ihrer Entlassung spurlos verschwunden. Das Annehmen von neuen Identitäten und erneute Asylanträge in anderen Bundesländern sind bei diesen Kriminellen nicht auszuschließen.« Deshalb vertreten die Verantwortlichen im Landkreis »einmütig die Auffassung, daß der geschilderten Problematik mit den bestehenden Gesetzen nicht beizukommen ist [. . .] Rechtlich begründete Aktionen gegen Ruhestörer, Randalierer, Brandstifter usw. mit einem relevanten und sofortigen Eingriff in das Asylverfahren müssen [. . .] zum handhabbaren Instrumentarium werden.«

In der Anlage zu dem Brief werden die Sachbeschädigungen, die Zahl der notwendig gewordenen Polizeieinsätze und diverse von Asylbewerbern begangene Straftaten aufgelistet. Kurze Auszüge: »Sachbeschädigungen zwischen 15.8.91 und 27.4.92: 40 Türen demoliert, 90 Fenster und Fensterscheiben beschädigt/zerstört, Antennenanlage mehrfach demoliert, Einrichtung des Fernsehzimmers mehrfach mutwillig zerstört, Duschköpfe gestohlen, Teile der elektrischen Anlage demoliert oder zweckentfremdet, Feuerlöscher vorsätzlich versprüht (35 Füllungen), Küchengeräte zerstört, Toiletten vorsätzlich durch Kleidungsstücke, Verpackungsmaterial und Essensreste verstopft, drei vorsätzliche Brandstiftungen im Treppenhaus und Kaminzimmer, fahrlässige Brandstiftung nach Alkoholmißbrauch. Gesamtschaden ca. DM 30000. Im selben Zeitraum 65 Polizeistreifen und 25 Anforderungen. Straftaten (u. a.) schwerer Einbruchdiebstahl, Ruhestörung und Hausfriedensbruch, versuchte Körperverletzung mit Reizgas zu viert gegen Wachpersonal, Ladendiebstahl, diverse Verstöße gegen die Aufenthaltsbestimmungen bis zu monatelangem Verlassen mit unbekanntem Ziel.«

Dieser Brief dokumentiert leider keine Ausnahmeerscheinung. So oder ähnlich sieht der Alltag in vielen hundert Asylbewerberunterkünften zwischen Aachen und Görlitz aus. Für die unmittelbar betroffenen Kommunalpolitiker sind die Bonner Debatten und Spitzfindigkeiten längst nicht mehr nachvollziehbar. Über alle Parteigrenzen hinweg werden Instrumente gefordert, um offensichtlichem Mißbrauch und auch blanker Böswilligkeit endlich beikommen zu können.

Die oben genannten Zahlen beziehen sich auf die Staatsangehörigkeit, nicht auf die eigentliche Nationalität. Viele der rumänischen und nicht wenige der tschechoslowakischen Verdächtigen waren tatsächlich Roma, waren Zigeuner. Gerade von ihnen versuchen viele, auf dem Asylwege bei uns Fuß zu fassen. Politisch verfolgt sind sie nicht, wenngleich sie in keinem Land der Welt gern gesehen werden.

Das alte Wort »Zigeuner«, welches vor Jahrhunderten aus dem Ungarischen über das Italienische zu uns kam, ist uns in vierzig Jahren Vergangenheitsbewältigung weitgehend aberzogen worden. Wer nicht scheele Blicke oder gar »Rassismus«-Vorwürfe riskieren will, ist gut beraten, nur noch von »Sinti und Roma« zu sprechen. Und in nordrhein-westfälischen Polizeiberichten darf nur noch von »reisenden ethnischen Minderheiten« die Rede sein. Mit solchen Wortspielereien und Sprachregelungen wird jedoch die Problematik nicht entschärft.

Interessant ist auch der *Aufenthaltsstatus* der nichtdeutschen Tatverdächtigen. 1991 waren 26,7 Prozent von ihnen Asylbewerber, 20,5 Prozent Arbeitnehmer, 10,7 Prozent hielten sich illegal hier auf, 10,3 Prozent waren Touristen oder Durchreisende, 9,2 Prozent waren als Studenten oder Schüler bei uns, 2,3 Prozent waren Gewerbetreibende und 1,9 Prozent Stationierungssoldaten. 18,4 Prozent schließlich hatten einen anderen Aufenthaltsstatus.[114]

Die meisten Asylbewerber stellen ihren Antrag heute nicht mehr direkt nach der Einreise, sondern schöpfen zunächst die Laufzeit ihrer Touristenvisa aus; von den Abgelehnten tauchen nicht wenige in die Illegalität ab. Stellt man dies in Rechnung, dann waren 1991 wohl schon 35 bis 40 Prozent der tatverdächtigen Ausländer im weitesten Sinne Asylbewerber. Aktuelle Zahlen aus Nordrhein-Westfalen bestätigen diese Rechnung ebenso wie die Berechnungen zur Kriminalitätshäufigkeit der verschiedenen Nationalitäten. In Nordrhein-Westfalen waren 1991 24,7 Prozent aller Tatverdächtigen Ausländer, von diesen wiederum 30,7 Prozent Asylbewerber. Extrem hoch war die Kriminalitätsbelastung unter den Asylbewerbern aus Polen, Albanien, Rumänien und Zaire. Unter den Asylbewerbern aus Zaire wurden 35,7 Prozent straffällig, unter den Rumänen 39,2 Prozent, bei den Albanern waren es 58,9 Prozent und bei den Asylbewerbern aus Polen sogar unglaubliche 85,2 Prozent, nämlich 1802 von insgesamt 2114![115] Da es auch hier wie überall eine Dunkelziffer gibt, kann man sagen, daß 1991 aus Polen als Asylbewerber fast nur noch Kriminelle zu uns gekommen sind. Ist das ein Wunder? Politische Verfolgung hat es 1991 in Polen jedenfalls nicht mehr gegeben. Allein dieses Beispiel zeigt, daß wir unbedingt Listen von Nichtverfolgerstaaten brauchen, aus denen wir dann keine Asylanträge mehr akzeptieren.

## *Die soziale Zeitbombe*

Die ungeheure Dynamik der Ausländerkriminalität wurde bereits angesprochen. Überall, auch unter der deutschen Bevölkerung, gibt es eine erhöhte Kriminalitätshäufigkeit bei männlichen Jugendlichen und jungen Erwachsenen. In Verbindung mit der Altersstruktur der ausländischen Bevölkerung und speziellen Integrationsproblemen der zweiten Ausländergeneration ist dies eine der Hauptursachen für die erschreckende Dynamik der Ausländerkriminalität. Das extreme Symptom dieser Fehlentwicklung sind die in einigen Großstädten jetzt entstandenen ausländischen Jugendbanden; am ausgeprägtesten sicherlich in Berlin. Die geballte Gutmütigkeit der linksliberalen Freunde und

Förderer einer »multikulturellen Gesellschaft« – wäre sie nicht mit Blindheit gepaart, dann müßte sie in den immer brutaleren Auseinandersetzungen ausländischer, meist türkischer, und deutscher Jugendbanden in den Straßen Berlins ein Ende finden. Wir müssen hier seit einigen Jahren eine zunehmende Verrohung und Proletarisierung registrieren, die für die meisten Verantwortlichen offenbar überraschend kam und auf die es keine politischen Antworten zu geben scheint.

Die Diskussion dieses Problems hat sich in der Vergangenheit als besonders schwierig erwiesen, denn sie rührt an eine der Lebenslügen der deutschen Ausländerpolitik: An die irrige Meinung nämlich, Integrationsprobleme könne es allenfalls bei der ersten Generation geben, während die in jungem Alter Nachgezogenen und die hier Geborenen automatisch in unsere Gesellschaft integriert würden. Es überrascht, daß diese These sich so lange halten konnte, denn es gibt genügend soziologische Fakten aus den verschiedensten Ländern und gesellschaftlichen Situationen, die sie widerlegen. Der enorme Anstieg der Ausländerkriminalität seit Anfang der achtziger Jahre, der ja überwiegend von der zweiten Generation getragen ist, war durchaus vorhersehbar und wurde auch von manchen Einsichtigen vorhergesagt.

Der Gastarbeiter der ersten Generation kam aus eigenem freiem Entschluß und wußte, was er hier wollte. Seine Zugehörigkeit zur Kultur des Herkunftslandes war klar, seine Identität damit auch. Seine Kinder aber fühlen sich weder der deutschen Kultur noch der Kultur der alten Heimat vollständig zugehörig, was eine für die Entwicklung eines jungen Menschen schwierige Lage ist. Die Betreffenden wurden im Gegensatz zu ihren Eltern ja auch nicht gefragt, folglich ist der Identitätskonflikt programmiert. Je größer der kulturelle Abstand des Elternhauses zur Umgebung der jungen Menschen, je größer von dort die Integrationshindernisse, um so eher kommt es zu Problemen, die eben auch Jugendkriminalität bewirken können.

Es soll weder jugendlichen Ausländern noch ihren Eltern ein Vorwurf gemacht werden, sondern vor allem den kurzsichtigen Politikern der unterschiedlichsten Couleur. Sie haben leicht vorhersehbare Probleme ignoriert, Warnungen in den Wind geschlagen und setzen eine ganze Reihe von Fehlern bis heute fort.

Die zentrale Frage ist immer, ob die Integration gelingt oder nicht. Das wiederum hängt entscheidend ab vom Zuzugsalter und vom kulturellen Abstand: Einem Europäer christlicher Konfession wird die Integration in unserer Gesellschaft meist leichter gelingen, als beispielsweise einem Moslem aus Afrika oder Asien. Um jedes Mißverständnis zu vermeiden: Selbstverständlich gibt es keinen direkten Zusammenhang zwischen islamischem Glauben und Ausländerkriminalität. Es gibt aber einen klaren Zusammenhang zwischen Islam und Integrationschance in Deutschland und zwischen Integrationserfolg und Kriminalitätsgefährdung. Es muß in einer demokratischen Gesellschaft möglich sein, auf solche Zusammenhänge hinzuweisen, ohne als »Nazi« oder »Ausländerfeind« diffamiert zu werden.

Soweit man ein gewisses Maß an Einwanderung angesichts unserer niedrigen Geburtenrate für notwendig hält, sollten die Zuwanderer aus Kulturen stammen, die der unseren nahestehen. Schon vor zwanzig Jahren hätte der gesunde Menschenverstand diesen Rat gegeben, heute tut dies außerdem die Kriminalitätsstatistik.

## *Fest im fremder Hand*

Ganz überwiegend in den Händen von Ausländern ist in Deutschland die organisierte Kriminalität. Die Gründe dafür sind vielfältig. Die gemeinsame Herkunft erleichtert die Kommunikation im Inneren, vor allem aber die Abschottung nach außen. Wichtige Betätigungsfelder der organisierten Kriminalität wie Drogenhandel und Kfz-Hehlerei hängen direkt mit dem Ausland zusammen. Die Internationalität erlaubt die Auslagerung von Logistik und Geldwäsche, auch die Rekrutierung vereinfacht sich. Oft ist der Fahndungsdruck in den Herkunftsländern geringer: In einigen osteuropäischen Ländern sind die Polizeibehörden schlecht ausgerüstet, unterbesetzt und infolge ihrer schlechten Bezahlung leicht zu bestechen. In anderen Ländern wie Kolumbien oder Libanon gibt es für bestimmte kriminelle Strukturen überhaupt keinen Fahndungsdruck. Oft haben auch einfach im Ausland längst etablierte Organisationen ihren Tätigkeitsbereich nach Deutschland verlagert (erschreckend ist besonders das Ausmaß der Aktivitäten in den neuen Bundesländern!), weil sie hier bessere Gewinnchancen sahen oder weil ihre angestammten Märkte gesättigt waren. In diesen Fällen sollte man eher von Aktivitäten krimineller Ausländer in Deutschland reden, als von Ausländerkriminalität.

Der Drogenhandel ist das klassische und nach wie vor wichtigste Feld des organisierten Verbrechens. Seit einigen Jahren ist zu beobachten, daß immer mehr Bereiche der traditionellen Kriminalität von organisierten Strukturen beherrscht werden. Wohnungseinbrüche und Autodiebstähle waren früher in den seltensten Fällen das Werk hochorganisierter und professioneller krimineller Organisationen. Heute ist das anders, gestohlen wird sehr gezielt und professionell, die Auswertung der Beute erfolgt international. In der Bundesrepublik gibt es keinen nennenswerten Markt für gestohlene Autos. Was hier geknackt wurde, wird umgehend mit falschen Papieren auf die Reise nach Polen oder Rußland geschickt, wo Mercedes, BMW oder Porsche längst keine Seltenheit mehr sind. Bevor der Diebstahl bemerkt ist, soll das gute Stück möglichst schon die Grenze passiert haben, und meistens gelingt das auch.

Der Vormarsch der organisierten Kriminalität hat schon vor der Öffnung Osteuropas begonnen. Heute wirken drei Faktoren zusammen, die Europa und besonders die Bundesrepublik für die organisierte Kriminalität attraktiv machen: Die USA sind als Drogenmarkt gesättigt und befinden sich im relativen Niedergang; in Europa fallen 1993 die Grenzkontrollen, jedenfalls für Bürger und Waren, für die Polizei noch nicht; in Osteuropa öffnet sich zur selben Zeit ein riesiger Raum, der als Markt kaum attraktiv ist, allerdings als Operationsbasis dafür um so geeigneter.

Gerade die Drogenkriminalität, das Hauptdelikt der organisierten Kriminalität, hat eine klare Verbindung zur Asylproblematik: Dealer aus dem Nahen und dem Mittleren Osten und aus Afrika nutzen die Sicherheit des Asylbewerberstatus zum Drogenhandel. Zahlreiche Beispiele aus dem ganzen Bundesgebiet zeigen, daß es sich keineswegs um Einzelfälle handelt. Manche Asylbewerberheime sind zu regelrechten Drogenumschlagplätzen geworden. Das Absurde an der Sache: Wer sich erwischen läßt, muß noch nicht einmal mit der Abschiebung rechnen, schließlich könnte ihm in der Heimat politische Verfolgung drohen ...

Eine andere Berührung des organisierten Verbrechens mit dem Asylbereich: Der polizeibekannte Chef der Frankfurter Jugo-Mafia erweist sich seit 13 Jahren als nicht abschiebbar, da er vor Gericht seine Anerkennung als politisch verfolgter Asylant (!) einzuklagen versucht. Seine ausgezeichnete finanzielle Lage hat es ihm ermöglicht, gegen zweifachen negativen Bescheid des Zirndorfer Bundesamtes durch sämtliche Instanzen zu prozessieren.[116]

Ein Wort noch zu den osteuropäischen Mafia-Strukturen: Noch vor wenigen Jahren haben linke Politiker und Linksintellektuelle das politische System der sozialistischen Länder als einen prinzipiellen Gegenentwurf zum »kapitalistischen« System des Westens akzeptiert. Heute müssen sich die Innenminister und Polizeibehörden in Westeuropa mit hochorganisierten Mafia-Gruppen aus Osteuropa herumschlagen, die nahtlos aus Teilen der früheren Elite von Partei und Geheimdiensten hervorgegangen sind. Wenn ehemalige NS-Richter in der jungen Bundesrepublik wieder Richter werden konnten, dann war das problematisch genug. Aber der frühere stellvertretende Polizeichef des polnischen Bezirks Kattowitz wurde inzwischen als Chef einer international tätigen Autoschieberbande entlarvt.[117] Als Konservativer zögert man, darin einen sozialen Abstieg zu sehen ...

Laut Verfassungsschutzbericht sind an die 50 000 der hier lebenden Ausländer Angehörige extremistischer Organisationen, was kein geringer Anteil ist. Der jahrelang starke Linksextremismus ist heute zwar erheblich zurückgegangen, hingegen bleiben extrem nationalistische und islamisch-fundamentalistische Gruppierungen ausgesprochen gefährlich.

Extremistische Ausländer tragen die Konflikte ihrer Herkunftsländer bei uns aus. Ob es um die Vertreibung der Briten aus Nordirland oder um die Schaffung eines kurdischen, palästinensischen oder tamilischen Staates geht, ob es sich um den Sturz oder die Verbreitung der islamischen Revolution handelt: Für alle diese Ziele wird längst auch auf deutschem Boden gekämpft, und zwar leider nicht nur mit friedlichen Mitteln.

In der Mehrzahl der Fälle richtet sich die von diesen Gruppen ausgehende Kriminalität wiederum gegen Ausländer und ist ziemlich lautlos. Erpressung und Einschüchterung sind häufiger als spektakuläre Gewaltakte, deshalb nimmt die Öffentlichkeit nicht viel Notiz von diesen Gruppierungen. 1990 gingen aber immerhin dreizehn Brandanschläge und zwei Bombenanschläge in Deutschland auf das Konto ausländischer Extremistenorganisationen. Aufsehen erregte auch die Serie von Anschlägen auf türkische Einrichtungen zu Beginn des Jahres 1992. Sie waren die spontane Reaktion auf das türkische Vorgehen gegen Kurden in der Südosttürkei. Es kann sicher davon ausgegangen werden, daß hinter diesen Anschlägen Exilgruppen der kurdischen PKK standen.

Schon etwas länger zurück liegt eine Demonstration für die Ermordung des Schriftstellers Salman Rushdie in Bonn: Am 4. März 1989 demonstrierten in der Bundeshauptstadt 6000 Personen – angemeldet war nur eine Demonstration gegen die Veröffentlichung des Buches *Die satanischen Verse*; in den Sprechchören und auf Plakaten zeigten sich viele Teilnehmer aber weitaus radikaler. Es wurde offen die Beseitigung Rushdies gefordert

(Transparent: »Salman Rushdie muß weg!«). Ein erschreckender, auch strafrechtlich relevanter Vorgang, der aber leider nur wenige öffentliche Reaktionen ausgelöst hat. Jene, die sich sonst immer »betroffen« fühlen, konnten mit diesem Thema offenbar nichts anfangen.

Der Ausländerextremismus ist mit der Asylproblematik natürlich eng verknüpft. Oft war es ja gerade die politische Betätigung, die im Heimatland Verfolgung einbrachte und damit das Asylbegehren veranlaßte. Der Haken bei der Sache: Was tun mit Leuten, die selber brutale Methoden angewendet haben, nun aber verfolgt sind? Die Asylanträge von Agenten des berüchtigten rumänischen Geheimdienstes Securitate sind ein krasses Beispiel, blieben aber Einzelfälle, da die Securitate in Rumänien nicht wirklich entmachtet wurde. Gravierender ist der Fall der Tamilen: Der mit beispielloser Brutalität geführte Kampf um die nationale Unabhängigkeit führte zu entsprechend harten Gegenreaktionen auf Sri Lanka. Mit der Folge, daß eine ganze Volksgruppe aus einem 8000 Kilometer entfernten Land aus humanitären Gründen nicht mehr zurückgewiesen oder abgeschoben werden kann, und zwar auch dann, wenn individuelle politische Verfolgung nicht besteht. Hier sind wir an der äußersten Grenze dessen angekommen, was unser Asylrecht leisten und was wir der Bevölkerung zumuten können.

Jahrelang gingen sie durch die Schlagzeilen: Die libanesischen Hamadi-Brüder. Was kaum je erwähnt wurde: Abbas Hamadi, der inzwischen wegen Geiselnahme der Deutschen Rudolf Cordes und Alfred Schmidt verurteilte Bruder des Flugzeugentführers Mohammed Hamadi, kam 1976 als Asylbewerber zu uns. Sein Asylantrag wurde nach drei Jahren abgelehnt, durch Einlegen von Rechtsmitteln und spätere Heirat einer Deutschen gelang es ihm aber, ein Bleiberecht und schließlich sogar die deutsche Staatsangehörigkeit zu erwirken. Von Mai 1989 bis Juni 1992 hielten der Hamadi-Clan und die von ihm geführte Hizballah (»Partei Gottes«) in Libanon zwei weitere Deutsche, Heinrich Strübig und Thomas Kemptner, als Geiseln, um die Hamadi-Brüder freizupressen. Hätte man Abbas Hamadi doch 1976 nach drei Wochen abgelehnt und abgeschoben, wie es auch ohne seine später begangenen Verbrechen richtig gewesen wäre! Unabhängig von diesem Einzelfall gehört die schiitische Hizballah zu den gefährlichsten Extremistenorganisationen überhaupt. Ihre Skrupellosigkeit hat sie mit jahrelangen Geiselnahmen, Flugzeugentführungen und Morden hinlänglich unter Beweis gestellt. Umfangreiche Sprengstoffunde belegen, daß sie derzeit dabei ist, ein Terrornetz in Europa aufzubauen.[118]

Politischer Extremismus von Ausländern birgt noch ein anderes, oft übersehenes Risiko: Er lenkt die Aktivitäten fremder Geheimdienste nach Deutschland. Gruppen, die hier den Sturz der islamischen Republik, einen kurdischen oder palästinensischen Staat erkämpfen wollen, ziehen mit Notwendigkeit die Aufmerksamkeit der entsprechenden, meist nahöstlichen Dienste hierher. Der Bezug zur Spionage ist evident. Ein Geheimdienst, der ohnehin präsent ist, wird in der Regel auch Anwerberversuche für die normale Spionagetätigkeit durchführen. Die Anwesenheit größerer ausländischer Bevölkerungsgruppen erleichtert diese Arbeit natürlich.

## Schmerzgrenze erreicht – was unser Asylsystem kostet

Das Asylproblem ist in den vergangenen Jahren auch zum wirtschaftlichen Problem geworden, das die ohnehin strapazierten Kassen der öffentlichen Hand immer stärker belastet. Mehr Lehrer, Krankenschwestern und Kindergärtnerinnen einzustellen, wird durch die Aufnahme und Versorgung Hunderttausender Asylbewerber nachhaltig erschwert. Aber nicht nur die öffentliche Hand, sondern auch private Hilfsorganisationen bringen erhebliche finanzielle Mittel auf, die beispielsweise in der Katastrophenhilfe eingesetzt werden könnten.

Wieviel kosten Asylbewerber tatsächlich? Das wurde bisher vielfach aus »Rücksicht auf die Bevölkerung« verschwiegen –

man wollte das Volk nicht in Rage bringen. Diese Haltung bestätigte jüngst der Finanzminister Baden-Württembergs, Gerhard Mayer-Vorfelder, der einräumte, entsprechende Kostenangaben habe man bisher aus »übertriebener Rücksichtnahme verschwiegen«.[119]

Es sind zwei Arten von Ausgaben zu unterscheiden: Die offiziell anfallenden Kosten und die »stillen« Kosten, also Strukturkosten. Zur ersten Kategorie zählen Sozialhilfe, Wohngeld, Kindergeld und Erstattungen nach dem Jugendwohlfahrtsgesetz. Wohngeld (etwa 200 Mark) wird in der Regel von in eigenen Wohnungen untergebrachten Asylbewerbern in Anspruch genommen; das Jugendwohlfahrtsgesetz sichert die Finanzierung von Heimaufenthalten jugendlicher, elternlos eingereister Ausländer.[120] (Ein Heimtag kostet übrigens ca. 120 Mark, ein Monatseinkommen in wohlhabenderen Entwicklungsländern.) Bei Betreuung und Unterbringung der Asylbewerber fallen Kosten für medizinische Versorgung an, Investitionsförderung für den Bau von Übergangsheimen und Instandhaltung der Übergangsheime. Hinzu kommen die Unterbringungskosten für Hotels und Pensionen, was besonders in Großstädten eine teure Unterbringungsart ist. In den Heimen wiederum müssen Pförtner, Sozialpädagogen und anderes Personal bezahlt werden. Fast alle diese Ausgaben muß das Land tragen, das prinzipiell für Versorgung und Unterbringung von Asylbewerbern zuständig ist (das heißt: bezahlen muß).

Die genauen Abrechnungsverfahren zwischen Land und Gemeinden sind in der Regel in einem Asylbewerber-Unterbringungsgesetz niedergelegt. Freilich, das Ausmaß der Erstattungen ist von Bundesland zu Bundesland unterschiedlich. Schon deshalb lassen sich letztlich nur statistische Durchschnittswerte hinsichtlich der Kosten errechnen. Es ist ein Unterschied, ob ein Asylbewerber in einem Berliner Übergangsheim untergebracht ist, in dem ein Heimplatz mit 15 000 Mark pro Jahr zu Buche schlägt, oder ob er für die Hälfte des Geldes in einer bayerischen Provinzpension einquartiert wird. Problematisch ist die Kostenerstattung für das wachsende Heer von nichtabgeschobenen, geduldeten

Asylbewerbern: Sie fallen wie normale Sozialhilfeempfänger den Gemeinden zur Last.[121] Sie verursachen also einen Teil jener verdeckten Kosten, die statistisch schwer zu erfassen sind.

Die Kommunen haben noch zahlreiche andere Ausgaben. Ein enormer Beamtenapparat in den städtischen Sozial-, Ausländer- und Jugendämtern ist ausschließlich oder vorwiegend mit Asylangelegenheiten beschäftigt. Der Verwaltungsaufwand wächst, je schwieriger die Wohnungssuche bzw. Unterbringungssuche für Asylbewerber wird. Nur wenige Bundesländer zahlen Verwaltungskostenpauschalen – die die tatsächlichen Kosten kaum decken dürften. Auch geben die Gemeinden oft höhere Sozialhilfe-Zuweisungen, als die Länder später ersetzen. Das ist beklagenswert, aber eben auch eine Tatsache. Ferner werden zum Beispiel über das von den Ländern gewährte Maß hinaus Sozialpädagogen zur Betreuung von Asylbewerbern beschäftigt.

Den Ländern verbleibende Strukturkosten sind vor allem die Ausgaben für die Verwaltungsgerichte, die sich mit Asylverfahren beschäftigen müssen. Auch tragen die Länder die Abschiebungskosten für nicht freiwillig ausreisende Asylbewerber. Der Bund übernimmt die Kosten für freiwillig Ausreisende: Sie bekommen ihre Flugzeugtickets und Bahnfahrkarten bezahlt. Ungleich schwerer freilich wiegen der Bundesanteil am Wohngeld und vor allem die Kosten für das Bundesamt für ausländische Flüchtlinge. Der Etat des Bundesamtes veranschaulicht die Kostenexplosion im Asylbereich: Mit Inkrafttreten des neuen Asylverfahrensgesetzes im Juli 1992 wurde er von zuvor 100 auf 400 Millionen Mark aufgestockt.

Um einen *ungefähren Anhalt* für die jährlich entstehenden Kosten zu bekommen, machte ich eine Umfrage bei Bundesländern, Kommunalverbänden und staatlichen Stellen bezüglich ihrer Aufwendungen für das Jahr 1991. Die Angaben umfaßten die Kosten für Sozialhilfe einschließlich einmaliger Beihilfen wie Bekleidungserstausstattungen, ärztliche Betreuung und Krankenkassenkosten,[122] ferner Wohngeld, die Verwaltungskosten, Gerichts- und Abschiebekosten sowie Rückreisekosten für die wenigen freiwillig ausreisenden abgelehnten Asylbewerber.

Für Nordrhein-Westfalen ergeben sich 1991 beispielsweise Asylbewerberkosten von insgesamt mindestens 1,4 Milliarden Mark. Diese Summe entspricht zwanzig Prozent des nordrhein-westfälischen Budgets für Arbeit, Gesundheit und Soziales. Deutlich wird, daß die Gesamtkosten eines Asylbewerbers bei mehr als 10 000 Mark im Jahr liegen, die Summe von 1000 Mark pro Monat ist realistisch. Dies bestätigen auch die Zahlen aus anderen Bundesländern. Für Baden-Württemberg ergibt sich eine Gesamtsumme von 620 Millionen Mark – nur wenig mehr, 633 Millionen Mark, gab das Land 1991 für Krankenhäuser aus.

Addiert man die Kosten aller Länder, ergeben sich Länder- und Kommunen-Aufwendungen von 4,875 Milliarden Mark für die Asylbewerber. Mit den Bundeskosten – 100 Millionen Mark für das Bundesamt für Asyl sowie die Ausgaben für das in den verschiedenen Ministerien mit dem Thema Asyl beschäftigte Beamten- und Angestelltenheer – addiert sich diese Summe zu fünf Milliarden Mark.

Dabei sind in dieser Berechnung noch lange nicht alle Strukturkosten erfaßt, denn häufig sind diese nicht zu eruieren. Wenn eine Telefonzelle vor einem Ausländeramt aufgestellt werden muß, so sind die Kosten schwerlich in irgendeiner Pro-Kopf-Rechnung festzumachen. Ebenso schwer zu beziffern sind die Kosten, die dem Staat dadurch entstehen, daß eine beachtliche Zahl von Sozialwohnungen auf Dauer von Asylbewerbern belegt sind. Die Schätzungen des Bundesinnenministeriums sprechen dafür, daß die tatsächlichen Pro-Kopf-Kosten für Asylbewerber sogar über 10 000 DM im Jahr liegen. Das BMI veranschlagte im März 1992 die durchschnittlichen Gesamtkosten eines Asylbewerbers mit 15 000 bis 15 500 Mark pro Jahr; 8000 bis 8500 Mark für Sozialhilfeaufwendungen, 7000 Mark für behördliche Infrakstruktur und Wohngeld. Das kann durchaus stimmen. Freilich dürfte auch das hier zugrunde gelegte, sehr vorsichtige Kosten-Ergebnis ausreichen, um zu verdeutlichen, welche finanzielle Belastung das Asylproblem für die Bundesrepublik mittlerweile darstellt.

Als »Folgekosten« könnte man die Belastungen durch De-facto-Flüchtlinge bezeichnen. Eine Milliarde Mark kosten sie jährlich, schätzt das Bundesinnenministerium. Berechnungen sind kaum möglich, weil De-facto-Flüchtlinge in der Statistik nicht lange nachgewiesen werden können: Sie erwerben einen Aufenthaltstitel und wandeln sich zu »Ausländern mit Aufenthaltserlaubnis« oder ähnlichem. Immerhin errechnete das Ausländerzentralregister in Köln, daß sich am 30. Juni 1991 noch 165 464 abgelehnte Asylbewerber in der Bundesrepublik aufhielten. Gleichzeitig ging das Bundesinnenministerium aufgrund der hohen Ablehnungs- und niedrigen Ausreisezahlen von Asylbewerbern jedoch von einer Gesamtzahl von mehr als 500 000 De-facto-Flüchtlingen in Deutschland aus. Bei näherer Betrachtung scheint selbst die Zahl des Ausländerzentralregisters weiter zu schrumpfen: So zählte die Landesregierung Nordrhein-Westfalens 1991 bei einer Erhebung angeblich nur 31 000 De-facto-Flüchtlinge in Nordrhein-Westfalen. Und das, obwohl sich erfahrungsgemäß etwa ein Drittel aller Asylbewerber der Bundesrepublik in Nordrhein-Westfalen aufhält! Folglich gäbe es also nicht einmal hunderttausend De-facto-Flüchtlinge in Deutschland, was aber falsch ist. So muß man zweifeln, ob in Nordrhein-Westfalen korrekt gezählt worden ist.

Interessant ist freilich, daß 24 000 dieser 31 000 nordrhein-westfälischen De-facto-Flüchtlinge Sozialhilfe empfingen. Wahrscheinlich befinden sich unter den aus der Statistik verschwundenen De-facto-Flüchtlingen noch einige zehntausend Sozialhilfeempfänger. Alles in allem erscheint auch die BMI-Kostenschätzung von einer Milliarde Mark eher niedrig gegriffen.

Beziehen wir die De-facto-Flüchtlinge in die Kostenschätzung mit ein, bleiben unter dem Strich Kosten in Höhe von sechs Milliarden Mark für Asylbewerber und ehemalige Asylbewerber. Das ist fast die Hälfte der Summe, die 1990 für Kindergeld ausgegeben wurde: 14,6 Milliarden Mark. Für 1992 haben die Länder ihre Asylbudgets in den Haushaltsplänen um 25 bis 30 Prozent erhöht! Es ist abzusehen, daß die Ausgaben für Asylbewerber die Höhe der von Deutschland geleisteten Entwicklungshilfe übertreffen werden.

Daß angesichts eines Jahrhundertvorhabens wie der Wiedervereinigung die Wohltätigkeit gegenüber ausländischen Besuchern eingeschränkt werden muß, dürfte einleuchten. In welchem Ausmaß der deutsche Asylaltruismus das soziale Netz der Bundesrepublik belastet, zeigt ein Blick auf die Sozialhilfeempfänger-Statistik. Sie unterscheidet zwar nur nach Deutschen und Ausländern, doch spricht gerade der Anstieg der ausländischen Sozialhilfeempfänger Bände. Noch 1980 waren »nur« 10,9 Prozent der Empfänger laufender Sozialhilfeleistungen Ausländer. 1990 aber waren 26 Prozent aller Sozialhilfeempfänger Ausländer, nämlich 769 000. Grund für diese Explosion: In der Zwischenzeit waren 892 000 Asylbewerber nach Deutschland gekommen. Viele von ihnen blieben, um fortan auf Kosten des deutschen Steuerzahlers zu leben.

## *Sparmöglichkeiten im Asylbereich*

Es gibt nicht nur einen Sog des liberalsten Asylrechts in Deutschland, es gibt auch einen Sog des höchsten Sozialhilfesatzes. Während des Aufenthalts in Deutschland kann der Flüchtling mit im europäischen Maßstab extrem großzügigen Sozialhilfeleistungen sowie staatlicher Unterbringung rechnen. Kürzt man die staatlichen Leistungen, werden die öffentlichen Kassen nicht nur sofort entlastet, sondern die Attraktivität der Bundesrepublik für Asyltouristen ließe auch mittelfristig nach.

Der durchschnittliche Sozialhilfesatz für einen Erwachsenen bewegt sich in Deutschland zwischen 450 und 500 Mark. Dazu kommt ein monatlicher Bekleidungszuschuß von etwa 50 Mark. Die Unterkunft wird vom Staat bezahlt. Hat der Asylbewerber Frau und Kinder mitgebracht, kommt er leicht auf 1500 Mark Bargeld im Monat. Inklusive aller Zuschüsse wie Wäschegeld, Fahrkostenzuschüssen und Bekleidungsbeihilfen hatte ein privat wohnender (alleinstehender) Asylbewerber 1988 in Stuttgart mehr Geld zur Verfügung als ein deutscher Student, der den BAFöG-Höchstsatz bekam.[123]

In Frankreich erhalten Asylbewerber, die nicht in Wohnheimen untergebracht sind, 1000 Franc pro Monat, etwa 330 Mark.[124] Für Kinder gibt es ein Drittel der Summe (in Deutschland steht Kindern von Asylbewerbern hingegen mehr als zwei Drittel der Erwachsenensumme zu). Nach den ersten beiden Monaten kann eine Eingliederungshilfe von umgerechnet 430 Mark pro Monat gewährt werden, von der Wohnung, Kleidung und Essen bestritten werden müssen. Diese Hilfe wird maximal ein Jahr lang erbracht, dann muß der Flüchtling sein eigenes Auskommen finden. Gemeinschaftsunterkünfte sind vor allem Kontingentflüchtlingen vorbehalten. Auch in Großbritannien sind Kommunen gegenüber alleinstehenden Asylbewerbern nicht zur Unterbringung verpflichtet. Lediglich Familien dürfen sich Hoffnungen auf eine Sozialwohnung machen. Der Sozialhilfesatz für Flüchtlinge liegt bei 330 Mark.[125] Aufgestockt um ein Wohngeld, muß das für sämtliche Lebenshaltungskosten reichen.

Alles in allem haben Flüchtlinge wie Scheinflüchtlinge in der Bundesrepublik doppelt soviel Geld zur freien Verfügung wie in den meisten Nachbarländern. Dieser Leistungsvorsprung in Deutschland verlangt dringend nach einer Angleichung, um die uns belastende Sogwirkung zu vermeiden. Attraktiv wird die Bundesrepublik für Asylbewerber mit sehr viel niedrigerem Lebensstandard dennoch bleiben. Daß jemand, der als Asylberechtigter anerkannt wird, die annähernd gleichen Leistungen erhalten soll wie ein Deutscher, ist wohl unstreitig.[126] Nur: Neunzig Prozent der Antragsteller sind erwiesenermaßen nicht politisch verfolgt. Das dürften sie auch selbst wissen. Von hunderttausend reisen also neunzigtausend mit dem Ziel ein, sich ein Bleiberecht zu erschwindeln. Betrachten wir die Anerkennungsquoten der letzten zehn Jahre, so ist nicht zu erwarten, daß sich dieses Verhältnis in den nächsten Jahren dramatisch ändern wird. Wir akzeptieren vielmehr die Rolle des gutmütigen Opfers, das sich immer wieder in die Tasche greifen läßt – es könnte ja mal ein Bedürftiger darunter sein.

Eine ärgerliche Situation. Warum nicht die Sozialhilfesätze für Asylbewerber während der Dauer des Verfahrens um 30 Prozent reduzieren? Bisher haben zwei Bundesländer versucht, die Sozialhilfe für Asylbewerber pauschal zu kürzen. Die Bundesländer haben daran Interesse, denn sie müssen den Kommunen die für Asylbewerber aufgewendeten Sozialhilfekosten erstatten. Baden-Württemberg brachte im Februar 1990 im Bundesrat einen Gesetzesentwurf zur Änderung des Bundessozialhilfegesetzes ein, der die Kürzung der Hilfe zum Lebensunterhalt um 20 Prozent vorsah. Natürlich war die »Anerkennung eines Mehrbedarfs in Härtefällen« vorgesehen.

Bayern versuchte 1991, eine Kürzung der Sozialhilfe um 15 Prozent einzuführen. Wegen der fehlenden Mehrheit im Bundesrat wurde dieser Gesetzesentwurf im Juni 1991 vertagt. Das ist um so trauriger, als der bayerische Entwurf lediglich die Festschreibung dessen formulierte, was das Sozialhilfegesetz ohnehin erlaubt: Die Kürzung der Hilfe zum Lebensunterhalt für Asylbewerber um 15 Prozent, also auf das zum Lebensunterhalt Unerläßliche, wie der entsprechende Rechtsterminus heißt. Eigentlich ist das Sozialamt einer Gemeinde verpflichtet, bei jedem Asylbewerber abzuwägen, welche Leistungen er empfangen soll und welche nicht. Wie wir sehen, ist sowohl die Aufstockung des Regelbetrages um »sonstige Sozialhilfe« möglich, als auch die Reduzierung auf das zum Lebensunterhalt Unerläßliche. Mit einer Festschreibung des gekürzten Bedarfs entfiele ein Teil des gewaltigen Überprüfungsaufwands, der den Kommunen durch das Bundessozialhilfegesetz zugemutet wird: »Der zuständige Träger der Sozialhilfe hat bei pflichtgemäßer Ausübung seines Ermessens den gesamten Sachverhalt unter vertretbarer Ausschöpfung aller Erkenntnismöglichkeiten aufzuklären [. . .]«[127] In der Praxis funktioniert das ohnehin nicht mehr, weil die Behörden überlastet sind. In Bonn etwa beschäftigte das Sozialamt Anfang 1992 zwei Sozialarbeiter, die für 700 Asylbewerber zuständig waren.

Nun ist es unbestreitbar Zweck des Gesetzes, eine mißbräuchliche Inanspruchnahme des Asylrechts und damit eine weitere

Belastung der öffentlichen Haushalte zu vermeiden. Der Vorstoß Baden-Württembergs hätte nach Berechnungen auf der Grundlage der Ausgaben von 1989 den Kommunen und Ländern 120 Millionen Mark pro Jahr erspart.[128] Da sich die Asylbewerberzahlen mittlerweile verdoppelt haben, sind nun mehr als 200 Millionen Mark auf diesem Wege einzusparen. Geld, das zum größten Teil für Menschen ausgegeben wird, die alsbald wieder ausreisen sollten oder gar nicht erst hier sein dürften. »Abschrekken« kann man mit solchen Kürzungen zwar niemanden, denn der in Deutschland gebotene Lebensstandard liegt auch für Sozialhilfeempfänger immer noch über dem der Herkunftsländer. Mittelfristig winkt überdies die Arbeitsaufnahme. Aber es muß schlicht eingespart werden um des Sparens willen. Asylbewerbern sollte in Deutschland kein besseres Leben ermöglicht werden, als es ihnen in Frankreich oder England gewährt wird. Zur Harmonisierung des europäischen Asylrechts gehört auch die Anpassung der finanziellen Leistungen. Eine Kürzung der Hilfe zum Lebensunterhalt um dreißig Prozent würde etwa eine Milliarde Mark jährlich an Steuergeldern sparen. In diese Kürzung könnte auch die Streichung von Bekleidungszuschüssen fallen, ja der Verzicht auf eine teure Ersteinkleidung mit neuwertiger Wäsche bei Eintreffen in einer Sammelstelle. Warum sollten Asylbewerber nicht mit Altkleidern aus Rot-Kreuz-Sammlungen vorliebnehmen?

Das Bundessozialhilfegesetz läßt offenbar die notwendig gewordenen drastischen Schnitte nicht zu. Erst 1991 bekräftigte das Bundesverwaltungsgericht wieder, daß nach Paragraph 120 grundsätzlich volle Hilfe zum Lebensunterhalt zu gewähren ist, im Ausnahmefall die Hilfe zum Lebensunterhalt aber gekürzt werden kann.[129] Aus diesem Grundsatz-Ausnahme-Verhältnis folge, daß ein Tatbestandsmerkmal, das den Grundsatzfall begründet – asylsuchende und zur Ausreise verpflichtete Ausländer – allein nicht zur Rechtfertigung einer Ausnahme ausreicht.

Was ist also zu tun? Wenn das Sozialhilfegesetz eine besondere Behandlung von Asylbewerbern nicht zuläßt, muß eben ein anderes Gesetz verabschiedet werden, ein Bundesleistungsgesetz für Asylbewerber. Der entsprechende Gesetzesvorschlag schlummert seit zwei Jahren im Bundesrat: Baden-Württemberg brachte im Mai 1990 eine Bundesratsinitiative ein, die ein Asylbewerber-Leistungsgesetz vorsieht.[130] De-facto-Flüchtlinge sollen eingeschlossen werden. Natürlich konnte auch dieser Vorschlag keine Mehrheit im Bundesrat finden. Heute allerdings wäre es an der Zeit für eine gründliche Umgestaltung des Leistungssystems. Nicht weil Asylbewerber Menschen zweiter Klasse wären. Sondern weil die überwältigende Mehrheit der Asylbewerber unter Vorspiegelung unzutreffender Sachverhalte nach Deutschland einreist – und hier erhebliche Kosten verursacht. Wenn sich der Staat schon nicht dagegen wehren kann, so muß er zumindest seine Ausgaben zu beschränken suchen.

## *Kein Geld für Scheinasylanten*

Wirtschaftsflüchtlinge aus Bürgerkriegsgebieten nicht abzuschieben, ist teuer. Sie fallen zunächst der Sozialhilfe zu Last. Nicht alle wollen arbeiten, nicht alle finden Arbeit. Da Geduldete anders als Asylbewerber ihren Aufenthalt im Bundesgebiet frei wählen dürfen, wandern viele aus ländlichen, strukturschwachen Gebieten in die Ballungszentren ab, wo sich der ohnehin gravierende Mangel an erschwinglichen Wohnungen vergrößert. Selbst arbeitende De-facto-Flüchtlinge haben wegen ihres geringen Einkommens oft Anspruch auf eine Sozialwohnung. Die dann für deutsche Sozialhilfeempfänger blockiert ist.

Sozialhilfebedürftige De-facto-Flüchtlinge fallen übrigens den Kommunen zur Last: Sie rangieren nicht mehr in der Kategorie Asylbewerber, sondern werden einfach als bedürftige Ausländer geführt, für welche die Gemeinden aufkommen müssen. Auch dies ein Paradox der Asylmisere: Bund und Länder dulden, die Kommunen tragen die Kosten. Müßten die Länder auch für Geduldete zahlen, würde das diese Auswüchse vielleicht drosseln. Wer für die Folgen seiner Entscheidungen zahlen muß, entscheidet in der Regel vorsichtiger. Gerade weil immer mehr Asylbewerber nach Deutschland kommen, muß es möglich sein, die politisch nicht Verfolgten sofort wieder nach Hause zu schikken. Man kann nicht für alles bezahlen wollen: Für echte Asylanten, für die langwierige Überprüfung von Asylbewerbern und für den Daueraufenthalt von Scheinasylanten.

Als Scheinasylanten müssen auch ausländische Sozialhilfe-Betrüger eingestuft werden. Wer als angeblich Verfolgter nach Deutschland kommt, um hier unter verschiedenen Namen mehrfach Sozialhilfe zu kassieren, scheint des Schutzes nicht wirklich zu bedürfen. In anderen Ländern zieht man daraus die richtigen Konsequenzen. Im Asylgesetz der Schweiz in der Fassung vom 22. Juni 1991 heißt es unter Artikel 16: »Auf ein [Asyl-]Gesuch wird nicht eingetreten, wenn der Gesuchsteller [. . .] seine Identität verheimlicht und dies aufgrund des Ergebnisses der erkennungsdienstlichen Behandlung feststeht.« Wer als Mehrfachbezieher von Sozialhilfe ertappt wird, findet sich binnen kurzem in einem Flugzeug gen Heimat wieder. In Deutschland ist solches Treiben risikoarm: Schlimmstenfalls muß der Betrüger ins Gefängnis, denn zurückzahlen wird er in den wenigsten Fällen wollen.

*Nicht* auf ausländische Lösungen angewiesen sind wir bei der Frage der Identifizierung von Asylschwindlern. Das Bundesland Schleswig-Holstein machte es am 2. März 1992 mit einem Zählappell für die etwa 11 000 Asylbewerber vor. Alle Asylbewerber wurden von den jeweiligen Kommunen aufgefordert, an einem Montag zur gleichen Zeit bei den zuständigen Stellen, meist den örtlichen Sozialämtern, zu erscheinen. Dort erhielten sie ihr Geld per Barscheck. Das vorläufige Ergebnis: 9,5 Prozent der Asylbewerber erschienen nicht, trotz einmonatiger »Vorwarnung«.[131] Ihre Identität wurde anschließend vom Sozialministerium überprüft. »Rekordhalter« war nach ersten Ermittlungen ein Afrikaner, der sich unter acht verschiedenen Falschnamen Sozialhilfe auszahlen ließ.

Die Grünen in Schleswig-Holstein kritisierten natürlich den

Kieler Zählappell. Er diskriminiere Flüchtlinge und stärke negative Vorurteile von Sozialneidern und Rechtsextremisten.[132] Diese Kritik aus den Reihen der Multi-Kulti-Ideologen ist entlarvend. Das *Ergebnis* des Zählappells mag in der Tat die Verbreitung des Gedankens fördern, von zuviel Asylbewerbern zu stark ausgenutzt zu werden. Das Verfahren an sich entspringt lediglich dem Bemühen der öffentlichen Hand, Kosten zu reduzieren und Gerechtigkeit zu üben. Daß angeblich politisch Verfolgte »absahnen«, spricht gegen sie selbst – nicht gegen die, die das aufdecken. Auch hier scheint sich die grüne Maxime zu bestätigen: Ausländer-»Freundlichkeit« um jeden Preis, selbst wenn das massiven Sozialhilfe-Betrug durch Asylbewerber bedeutet.

Die Aktion des Kieler Sozialministeriums ist um so lobenswerter, als es nicht einmal erkennungsdienstliche Erfassungsmechanismen für Asylbewerber zur Verfügung hatte. Mit erkennungsdienstlicher Erfassung aller Asylbewerber bei der Einreise wäre eine Entlarvung von Sozialhilfe-Betrügern wesentlich schneller und effizienter möglich. Entsprechende Einrichtungen auf Bundes- und Länderebene sind überfällig. Höchste Zeit, daß die FDP auch hier ihre kostspielige Blockadepolitik aufgibt. Eine andere Forderung aus der Aktion Schleswig-Holsteins muß lauten, Zählappelle in *allen* Bundesländern einzuführen. Nordrhein-Westfalen gibt jährlich 740 Millionen Mark für Sozialhilfe an Asylbewerber aus. Ein Zählappell könnte wahrscheinlich zwischen fünfzig und siebzig Millionen Mark einsparen, die dringend für andere soziale Belange benötigt werden.

## *Verwaltungsverfahren verkürzen*

Auf die Notwendigkeit der Verfahrensverkürzung ist bereits unter anderen Aspekten hingewiesen worden. Tatsache ist, daß kürzere Verfahren auch sehr viel Geld sparen würden. Ein Asylbewerber verursacht schließlich pro Monat Gesamtkosten von 1000 bis 1400 Mark. Nach den Vorstellungen des Innenministers sollen offensichtlich unbegründete Asylverfahren bald nur noch sechs Wochen dauern.[133] Das neue Asylverfahrensgesetz (»Beschleunigungsgesetz«) soll unter anderem Klage- und Begründungsfristen verkürzen und das gerichtliche Verfahren grundsätzlich auf eine Instanz beschränken. Im Februar 1992 betrug die durchschnittliche Dauer des Asylverwaltungsverfahrens bei offensichtlich unbegründeten Fällen noch vier bis sechs Wochen beim Bundesamt, mit einem sich anschließenden Verwaltungsgerichtsverfahren von zwei bis vier Monaten.[134] Bei anderen Asylbewerbern war die durchschnittliche Dauer des Asylverwaltungsverfahrens mit etwa elf Monaten anzusetzen, die durchschnittliche Dauer des Gesamtverfahrens betrug etwa drei Jahre. Ein teures Vergnügen.

Ob eine Verfahrensdauer von sechs Wochen überhaupt erreicht werden kann, wird vielfach bezweifelt. Schließlich dauert es bereits Wochen, ehe ein »verlorener« Reisepaß ersetzt werden kann, zumal wenn die Botschaft des entsprechenden Landes nicht mit den deutschen Behörden kooperiert. Doch selbst eine Regeldauer von drei Monaten wäre im Hinblick auf Kosten und Personalaufwand eine große Erleichterung. Die übrigen, länger dauernden Verfahren, die 1990 laut Bundesinnenministerium noch ca. 60 Prozent, 1991 70 Prozent aller bearbeiteten Anträge ausmachten, bedürfen ebenfalls einer wesentlichen Verkürzung. Eine durchschnittliche Verfahrens-Gesamtdauer von sechs Monaten würde erhebliche Einsparungen bedeuten.

Insgesamt läßt sich feststellen, daß Bund und Länder ihre Personalausgaben zunächst weiter erhöhen müssen, um an anderer Stelle einzusparen. Zunächst einmal will das Bundesamt 1992 300 neue Entscheider einstellen, um die Arbeitskapazität zu erhöhen und die Bugwelle von mindestens 260000 anhängigen Verfahren (Ende 1991) zumindest nicht noch größer werden zu lassen. Die Länder sollen parallel dazu neue Erstaufnahmeeinrichtungen bereitstellen. Damit all diese Maßnahmen überhaupt greifen können, müssen freilich einige ganz unspektakuläre, aber sehr teure Flaschenhälse bei den Behörden und insbesondere bei den Gerichten beseitigt werden. Sie brauchen mehr Personal, damit die beschleunigten Verfahren dort nicht wieder zum Erliegen kommen. In der Asylstelle des Bonner Ausländeramtes etwa waren im März 1992 zwei Sachbearbeiter für insgesamt 3500 anhängige Asylverfahren zuständig. In anderen Behörden sieht es nicht besser aus. Da kann bereits das Verschicken der Post zum Problem werden, von der Bearbeitung der Anträge ganz zu schweigen.

Noch ärger sind die Verzögerungen bei den Verwaltungsgerichten. Dort fehlt es weniger an Richtern, als schlicht an Schreibkräften, die die gefällten Urteile abtippen. Denn bevor das ganze Asylverfahren weitergehen kann, muß eine Ausfertigung des Urteilsspruches dem Asylbewerber zugegangen sein. Das Oberverwaltungsgericht Koblenz teilte auf Anfrage mit, daß die Frist zwischen Urteilsverkündung und Postverschickung durchschnittlich sechs Wochen betrage. So lange dauert es, bis die handschriftliche Ausfertigung im Schreibbüro an der Reihe ist. Übrigens sind diese sechs Wochen sogar ein Fortschritt gegenüber vergangenen Jahren, als diese Frist auch fünf bis sechs Monate betragen konnte. Ähnlich sieht es beispielsweise beim Verwaltungsgericht Düsseldorf aus, wo die Ausfertigungsfrist Anfang 1992 etwa vier bis fünf Wochen betrug. In den Geschäftsstellen des Gerichts sei die Lage wie in den Schreibstellen, manche Verfahren lägen Wochen in einem Fach, bevor sie überhaupt in den Geschäftsgang aufgenommen werden könnten, weil es an Bürokräften fehle; zwei Drittel der Schreibkräfte seien mit der Postverschickung beschäftigt.

Noch gravierendere Verzögerungen machte beim Wiesbadener Verwaltungsgericht der Hessische Rechnungshof bereits 1989 publik: Mehr als die Hälfte aller abgeschlossenen Asylurteile wurde erst nach mehr als drei Monaten zugestellt, in einem Verfahren sogar nach zehn Monaten und zwei Wochen.[135] In dieser Zeit verursachte der Asylbewerber etwa 10 000 Mark an Unterbringungskosten! Mit der Installierung einer neuen Textverarbeitungsanlage konnte der Schreibdienst den schlimmsten

Engpaß überwinden. Aufschlußreich bleibt jedoch, daß der Präsident des Verwaltungsgerichts anordnete, ihm künftig alle Fälle mitzuteilen, in denen Urteile drei Monate [!] nach der Verkündung oder nach Zugang des geschriebenen Protokolls noch nicht abgesetzt seien.[136]

Offensichtlich sind die Gerichte Ende der achtziger Jahre von der Welle der Asylverfahren überrollt worden. Dort, wo die Kammern personell verstärkt wurden, wuchs der Unterbau nicht genügend mit. In Niedersachsen wurden die Verwaltungsgerichte 1992 um 32 Richterstellen und eine gleiche Stellenzahl im Verwaltungsbereich aufgestockt. Wegen der angespannten öffentlichen Finanzlage stellen manche Länder mittlerweile kaum noch neues Personal ein. Das rächt sich in diesem Fall, denn die Länder kommen ja auch für die Unterbringung der Asylbewerber während des Verfahrens auf. Angesichts dieser Situation sollten in den Verwaltungsgerichtsverfahren grundsätzlich nur noch Einzelrichter eingesetzt werden. Dadurch würde viel Personal für die Bewältigung anderer Verfahren freigesetzt. Auch käme es den Steuerzahler billiger, nicht drei, sondern nur einen Richter für eine Aufgabe zu bezahlen.

## *Wirklich nicht zuviel verlangt – Unterkünfte selber reinigen*

Bekanntlich ist ein großer Teil der Asylbewerber einzig und allein hier, um sich materielle Vorteile zu verschaffen. Da das zumindest zeitweise nicht zu verhindern ist, sollte der deutsche Staat sich darauf einstellen und überlegen, wie Hunderttausende von Asylschwindlern möglichst kostensparend untergebracht werden können. Sozialhilfeempfänger können laut Gesetz zu gemeinnützigen Arbeiten herangezogen werden. Deshalb bietet es sich an, eine darüber hinausgehende Arbeitspflicht von ca. 15 bis 20 Stunden pro Woche für Asylbewerber einzuführen. Diese Arbeit sollte nicht vergütet werden, denn es geht ja gerade darum, die anfallenden Kosten zu senken. Halten wir uns vor Augen, daß die Ausreise eines aus freien Stücken hergekommenen Asyltouristen 1000 bis 3000 Mark kosten kann. Dies bezahlen die Ausreisenden natürlich nicht selber, da sie vorgeben werden, nicht genügend Geld zu haben. Der Staat, in diesem Fall die Länder, werden auch hier zur Kasse gebeten. Um so nötiger ist es, diese Mittel von vornherein einzuplanen und durch Leistungen des Asylbewerbers zu finanzieren.

Im übrigen gibt es auch im Bereich Ausreise/Abschiebung Einsparmöglichkeiten. Kaum glaublich, aber wahr: Ausreisende, gleichgültig, wieviel sie als Asylbewerber den deutschen Steuerzahler bereits gekostet haben, bekommen eine Art Wegegeld von bis zu 150 Mark, damit sie nach der Rückreise den Wohnort erreichen können. Oder, dies eine zynische Interpretation, damit der Ausländer nach seinem Asylabenteuer in der Bundesrepublik zu Hause noch ein bißchen vorzuzeigen hat: Leute, seht her, wer aus Deutschland kommt, bringt Devisen mit! 150 Mark entsprechen immerhin zwei Dritteln eines Monatslohns in den meisten osteuropäischen Ländern, und mehr als einem Monatslohn in den meisten Ländern der »Dritten Welt«.

Auch für die Unterbringung von Asylbewerbern in staatlichen Gemeinschaftsunterkünften sollte die Minimierung der Kosten angestrebt werden. Meist sieht die Hausordnung vor, daß die Bewohner die Unterkünfte selbst reinigen. Leider ist das oft nicht der Fall. Es entstehen zusätzliche Kosten für die Beschäftigung von Reinigungsdiensten. Oder, wieder einmal eine Kuriosität, Asylbewerber werden im Rahmen gemeinnütziger Arbeit als Sozialhilfeempfänger für die Reinigung ihrer eigenen Unterkünfte bezahlt. Im Jahr 1988 mußte die Stadt Stuttgart rund 185000 Mark Reinigungskosten für Gemeinschaftsunterkünfte von Asylbewerbern aufbringen.[137]

Es gibt keinen nachvollziehbaren Grund, Asylbewerbern die Reinhaltung ihrer Unterkünfte abzunehmen. Eine Schilderung aus München: »Kostensteigernd wirkt sich unter anderem die Weigerung sehr vieler Asylbewerber aus, auf Sauberkeit und hygienische Zustände bedacht zu sein. Reinigungsfirmen, die vor dem Schmutz der Sammeltoiletten nicht zurückschrecken, sind nur für sehr gutes Geld zu haben.«[138] Es ist einzusehen, daß deutsche Vorstellungen von Hygiene, ja daß zentraleuropäische Hygienetechniken Asiaten und Afrikaner bisweilen überfordern; nur, warum sollten diese dann nicht an anderer Stelle wieder erarbeiten, was sie an Zusatzkosten verursachen?

Besondere Situationen erfordern nun einmal besondere Maßnahmen. Es gilt, sich mit flexiblen Regelungen auf den Asylbewerberzustrom einzustellen. Auf die Dauer können wir uns nicht von allen Wirtschaftsflüchtlingen dieser Welt zum Narren halten lassen. Auch die Schweizer wollen das nicht, und deshalb greifen sie zu wirksameren Maßnahmen. In der Schweiz wie in Deutschland kann man in Asylbewerberheimen erleben, daß die »Gäste«, aus welchen Gründen auch immer, das Essen verweigern – und die Mahlzeiten gleichmäßig im Raum verteilen.[139] »Was in Westdeutschland zum Alltag gehört, ist in Ostdeutschland noch fremd [. . .]: etwa wenn sich Asylbewerber gegen die Verlegung von Hamburg oder Frankfurt ins ländliche Thüringen wehren, weil es dort ›no shopping, no sex, no dancing‹ gebe, und wenn sie diese Ablehnung noch mit einem Hungerstreik besonderer Art unterstreichen. Die Unzufriedenen verweigern nicht sogleich die Nahrung, sondern sie kippen den Inhalt ihrer Teller auf den Boden des Speisesaales [. . .] Manche umzingelten schon Polizeiwagen, um Landsleute daraus freizupressen.«[140] In Deutschland, dem Land, das selbst mehrfach straffällig gewordene Asylbewerber nicht abschiebt, scheint es gegen solche »Lappalien« keinerlei Sanktionsmöglichkeiten zu geben. Sozialhilfe kann laut Bundessozialhilfegesetz keinem Bedürftigen verwehrt werden. Anders in der Schweiz. Dort erließ das Justiz- und Polizeidepartement, gestützt auf Artikel 20 a, Absatz 2 des Asylgesetzes, die Weisung: »Fürsorgeleistungen können abgelehnt oder entzogen werden, wenn der Asylbewerber [. . .] sich trotz der Androhung des Entzuges von Fürsorgeleistungen nicht an die Anordnungen des Betreuungspersonals hält.«

Unruhestifter können, wenn es nicht mehr anders geht, buchstäblich auf die Straße gesetzt werden. Ihr Asylbegehren wird dann »den zuständigen Bundesbehörden zur prioritären Behandlung gemeldet«, damit der Asylbewerber derweil nicht verhungert.[141] Ein Entzug der Sozialhilfe ist auch möglich, wenn ein Asylbewerber »eine ihm zugewiesene, zumutbare Arbeit oder Unterkunft nicht annimmt«.[142] Damit haben die Behörden wenigstens ein Druckmittel in der Hand. Vergleichbares gibt es in Deutschland nicht. Auch dies spricht dafür, ein eigenes Leistungsgesetz außerhalb des Bundessozialhilfegesetzes einzuführen.

## Unfähig zur Abschiebung

Einer der Hauptgründe dafür, daß so viele Menschen kommen, ist, daß so viele bleiben. Wer in Südasien, im Nahen Osten oder am Horn von Afrika gen Deutschland aufbricht, kehrt in der Regel nicht so bald zu seinen Angehörigen zurück. Das einladende deutsche Asylrecht, ein extrem liberales Ausländergesetz und großzügige Duldungserlasse der Bundesländer sorgen dafür, daß fast jeder Asylbewerber einige Monate in der Bundesrepublik zubringen darf. Bei den meisten werden es Jahre, und viele bleiben schließlich ganz da. Ein guter Grund für Angehörige in der Heimat, ebenfalls eine Reise in das Asylparadies Deutschland zu unternehmen.

Die jüngste Asylbewerber-Verbleibestatistik des Bundesinnenministeriums veranschaulicht die Situation: Das Bundesamt für Flüchtlinge entschied 1990 über 149 000 Verfahren (193 000 Asylbewerber reisten insgesamt ein). 6518 Menschen wurde politische Verfolgung attestiert, das waren 4,4 Prozent der abgeschlossenen Verfahren. Erfahrungsgemäß klagen etwa zwei Drittel der abgelehnten Asylbewerber gegen ihre Ablehnung. Die Zahl der Anerkennungen durch das Bundesamt erhöht sich deshalb noch einmal um die Hälfte durch gerichtliche Asylanerkennungen. Deshalb läßt sich nicht genau feststellen, wie viele Verfahren 1990 insgesamt rechtskräftig abgeschlossen waren. Gezählt werden jedoch die (nach Abschluß aller Verfahren) zur Ausreise verpflichteten Asylbewerber: Das waren 1990 85 651 Personen. Ganze 18 Prozent von ihnen (15 380 Personen) reisten pflichtgemäß aus. Man bekommt einen Eindruck von der Wirksamkeit deutscher Asylpolitik, wenn man sich anschaut, wo die restlichen 70 271 abgelehnten Asylbewerber verblieben. Insgesamt 30 408 bekamen aus überwiegend humanitären Gründen ein »vorübergehendes« Bleiberecht. Das sind 35,5 Prozent aller Ausreisepflichtigen. Fast die Hälfte, 14 130 Asylbewerber, verschwand mit unbekanntem Aufenthaltsort. Sie wurden zur Aufenthaltsermittlung ausgeschrieben. Sie finden bei Freunden oder Verwandten in Deutschland Unterschlupf, stellen in einem anderen Bundesland einen neuen Asylantrag oder versuchen es vielleicht auch mit einem Asylantrag im Nachbarland. Manche werden auch irgendwann nach Hause zurückkehren. Bloß wann, das weiß niemand. 5583 Asylbewerber wurden abgeschoben – das sind gerade einmal 6,5 Prozent aller Ausreisepflichtigen. Im selben Zeitraum durften jedoch 3167 Personen im Rahmen der Familienzusammenführung in das Bundesgebiet *einreisen*. Jegliche staatliche Steuerung scheint zum Erliegen gekommen zu sein. Von der Möglichkeit des Asylfolgeantrags, dem wirksamsten Ausweisungsschutz, machten 4374 Personen Gebrauch. Und bei 14 811 abgelehnten Asylbewerbern war Ende 1991 noch keine Entscheidung über den Verbleib im Bundesgebiet getroffen worden.

Fassen wir zusammen: Im Jahr 1990 gewährte das Bundesamt 6518 Ausländern Asyl. Etwa weitere 3500 wurden durch die Gerichte anerkannt. Deutschland nahm also 1990 ungefähr 10 000 Asylanten auf. Rechnen wir zu diesen Anerkennungen die oben angeführten 85 651 unanfechtbaren Ablehnungen hinzu, ergeben sich für 1990 knapp 100 000 endgültige Entscheidungen. Allein durch »humanitäres Bleiberecht« wird mehr als dreißig Prozent der Asylbewerber ein Aufenthalt in der Bundesrepublik gewährt. Selbst wenn die Untergetauchten außer acht bleiben, muß man feststellen, daß mindestens 40 Prozent der in die Bundesrepublik strömenden Asylbewerber hierbleiben, und nicht einmal sechs Prozent abgeschoben werden.

Deutlich wird auch, daß es um Asyl vor politischer Verfolgung nur im Anfangsstadium des Aufenthaltes geht. Asyl ist nur der Schlüssel für Deutschland. Ist der Asylantrag abgelehnt worden, wird die Frage aufgeworfen, ob der Ausländer wieder in sein Heimatland zurückgeschickt werden darf. Besteht die konkrete Gefahr der Folterung, darf ein Ausländer nicht in diesen Staat abgeschoben werden (§ 53, Absatz 1, Ausländergesetz). Das gleiche gilt, wenn ein Staat »den Ausländer wegen einer Straftat sucht und die Gefahr der Todesstrafe besteht« (§ 53, Absatz 2). Die Gefahr allein reicht da schon. Wenn für den Ausländer bei Abschiebung eine erhebliche konkrete Gefahr für Leib, Leben oder Freiheit besteht, *kann* (in der Regel: wird) von der Abschiebung abgesehen werden (§ 53, Absatz 6). Hier soll wohlgemerkt eine individuelle Gefährdung vorliegen. Bei Gruppen wie Tamilen und Palästinensern wurde bzw. wird solch eine Gefährdung ohne weitere Prüfung angenommen. Höchst problematisch für die Durchführung einer einheitlichen Ausländerpolitik ist der Paragraph 54 des Ausländergesetzes. Er betrifft eine allgemeine Gefährdung bestimmter Ethnien bzw. Ausländer und ermächtigt die oberste Landesbehörde eines Bundeslandes, Ausländer aus »völkerrechtlichen oder humanitären« Gründen nicht abzuschieben. Ein so begründeter Abschiebestopp kann bis auf sechs Monate ausgedehnt werden. Dann wird die Zustimmung des Bundesinnenministers fällig. Davon machten vor allem SPD-regierte Länder in der Vergangenheit reichlich Gebrauch.

Einer der jüngsten Duldungserlasse wurde am 26. März 1992 vom Saarland für abgelehnte Asylbewerber aus dem kurdischen Teil der Türkei erlassen. Die ebenfalls SPD-regierten Länder Hessen, Rheinland-Pfalz, Nordrhein-Westfalen, Niedersachsen und leider auch Berlin folgten. Das war eine Reaktion auf die Aktionen türkischen Militärs gegen vermeintliche oder tatsächliche kurdische Terroristenstützpunkte Ende März 1992. Baden-Württemberg und Bayern machten diese Kurden-Duldung aus gutem Grund nicht mit. Was einige Bundesländer aussprachen, war eine Einladung samt Bleibegarantie für sämtliche türkische Kurden, einen Wohnort im reichen Deutschland zu beziehen. Im Fernsehen hatten Politiker die Bombardierung kurdischer Dörfer gesehen, was sie als Anlaß nahmen, etwa 10 Millionen türkischen Kurden unterschiedslos Aufenthalt in der Bundesrepublik gewähren zu wollen. Nicht etwa nur politisch Verfolgten oder solchen, die aus den Kampfgebieten kamen – nein, allen. Man war »betroffen«, man mußte etwas tun . . .

Wie überzogen die Länder handelten, wurde in Lageberichten des Auswärtigen Amtes deutlich. Einschätzungen des Außenministeriums dienen bei Ländererlassen als Mittel der bundeseinheitlichen Koordinierung. Freilich kann jedes Bundesland die Lageeinschätzung des Auswärtigen Amtes nach Gutdünken interpretieren. Der Paragraph 54 gibt ihm ja das Recht, jedwede Linie der Bundesregierung, zumindest zeitweise, zu sabotieren. Skepsis hingegen zeigten Baden-Württemberg und Bayern, die sich an dieser sozialdemokratischen Kraftanstrengung zur Weltverbesserung nicht beteiligten. Schließlich ging aus dem Januar-Bericht (1992) des Auswärtigen Amtes bereits deutlich hervor, daß für gefährdete Kurden Fluchtmöglichkeiten *im Land* bestehen: »Den durch Auseinandersetzungen zwischen Sicherheitskräften oder PKK oder auch durch Stammes- und Dorffehden in Bedrängnis geratenen kurdischstämmigen Türken Südostanatoliens [. . .] bietet sich in den westtürkischen Großstädten oder der Mittelmeerküste eine alternative Ansiedlungsmöglichkeit, die schon viele von ihnen genutzt haben. Ihre wirtschaftliche Lage gestaltet sich dort eher besser als im Heimatdorf.«[143] Mittlerweile haben Millionen Kurden ihre traditionellen Siedlungsgebiete verlassen, um im Westen der Türkei zu leben.

Der Abschiebestopp dürfte sich wie frühere Aktionen auch in der Türkei herumgesprochen haben. Den türkisch-kurdischen Ausreisewilligen präsentiert sich Deutschland als Insel, die man nur erreichen muß, um sicher und versorgt zu sein. Viele werden wohl erst kommen, wenn die Duldungsfrist von sechs Monaten abgelaufen ist; dann wird das Einverständnis des Bundesinnenministeriums nötig. Gibt das BMI es, werden sich die nach Deutschland strömenden Kurden bestätigt sehen; bleibt das Einverständnis aus, nun, dann sind die Asylbewerber jedenfalls erst einmal da. Zeit und Geld werden auf sie verwendet – wohlgemerkt von allen Bundesländern, in denen sie eintreffen. So bringen es einzelne Länderregierungen fertig, die Attraktivität der Bundesrepublik als Asylparadies immer noch weiter zu steigern.

Ein Skandal ist die Geschichte der vorübergehenden Duldung von Sinti und Roma in Nordrhein-Westfalen. Im Sommer 1989 hatte Nordrhein-Westfalen einen Abschiebestopp für die rumänischen und die jugoslawischen Zigeuner verfügt, der aber im Dezember 1989 wieder aufgehoben wurde. Daraufhin kam es im Januar 1990 zu einem »Bettelmarsch« von Zigeunern, die gegen ihre Abschiebung demonstrierten. Mit Erfolg: Das Düsseldorfer Innenministerium fühlte sich bemüßigt, den Demonstranten eine »Einzelfallprüfung« eventueller Abschiebehindernisse zuzusagen.[144] Dies verlief zwar ergebnislos, die Zigeuner wurden aber mit ihrer Aktion zum Verhandlungspartner des nordrhein-westfälischen Innenministeriums. In Nordrhein-Westfalen wird die Ausländerpolitik offenbar von Ausländern gemacht. Der Druck von Ausländern, wirksam verstärkt durch linksliberale deutsche Ideologen, bestimmt die Innenpolitik eines Landes.

Die Farce ging weiter: Im Sommer verkündete das Innenministerium eine neue Flüchtlingspolitik, die auch die aktive Unterstützung für Rückkehrwillige vorsah. Als Teilnehmer an einem Modellversuch wurden 1900 der 5000 »Bettelmarsch«-Zigeuner ausgespäht, die aus Mazedonien stammten. Für sie sollten mit

Mitteln der Landesregierung in der Nähe von Skopje Häuser, Kindergärten, Schulen und Arbeitsplätze geschaffen werden. Während also andere Zigeuner im Laufe der Zeit schlicht als abgelehnte Asylbewerber rumänischer oder jugoslawischer Nationalität abgeschoben wurden, durften die Teilnehmer des Modellprojekts erst einmal bleiben und weiter Sozialhilfe beziehen. Im Januar 1991 gab Bundesinnenminister Schäuble auch sein Plazet zur »Gruppenduldung« dieser 1900 Zigeuner gemäß Paragraph 54 Ausländergesetz. Fast anderthalb Jahre später, im März 1992, befand sich laut NRW-Innenministerium eine erste Gruppe von 250 Zigeunern in ihrem Ansiedlungsort Shutka, einem Vorort Skopjes.[145] Sie stellten allerdings fest, daß in ihren Häusern Fernseher und Waschmaschinen »fehlten«, warfen ihren Partnern Vertragsbruch vor und drohten mit ihrer Rückkehr nach Deutschland. Dort fallen schließlich auch die Geldgeschenke höher aus: In Shutka erhalten sie noch ein Jahr lang monatlich 400 Mark pro Kopf, was etwas unter der Sozialhilfe in Deutschland liegt. Daß der Durchschnittslohn in der Region bei nur 100 Mark liegt, zählt nicht.[146] 23 Arbeitsplätze, die den ersten Rücksiedlern angeboten wurden, wollten sie nicht, aus welchen Gründen auch immer.[147] Und das, obwohl Arbeitsplätze im krisengeplagten Mazedonien dünn gesät sind.

Ungeachtet dessen fällt Faik Abdi, ein Vertreter der Roma im Parlament von Skopje, ein ebenso vernichtendes wie dreistes Urteil über die Rücksiedlungsaktion: »Eine zwangsweise Abschiebung wie unter Hitler.«[148] Seine Landsleute, so Abdi, sollten in Deutschland bleiben und dort arbeiten. Einer von ihnen sieht es ein wenig pragmatischer: »In Deutschland hatten wir keine Arbeit, aber Sozialhilfe. Hier haben wir keine Arbeit und keine Sozialhilfe.«[149] 1991 gab die nordrhein-westfälische Landesregierung für das Shutka-Projekt rund acht Millionen Mark aus. Im Jahr 1992 rechnete man mit Kosten in Höhe von 15 Millionen Mark.[150]

Trotz aller Pannen und Peinlichkeiten hoffte die Düsseldorfer Landesregierung auf eine »ansteckende Wirkung« dieser Politik noch im Juli 1991.[151] Kaum angesteckt sind offenbar die »Flüchtlinge« selbst. Im März 1992 verlautete aus Düsseldorf: »Von insgesamt 300 Roma liegen derzeit noch Anträge auf eine Rückkehr nach Mazedonien vor.«[152] Eine verräterische Wortwahl. Werden plötzlich nur noch Zigeuner rückgesiedelt, die einen Antrag stellen? Wo eine Pflicht zur Ausreise bestünde, darf man neuerdings einen speziellen Antrag stellen. Wiederum drängt sich das Wort von der Ausländerpolitik als »Politik von außen« auf. Die Initiative geht vom Ausländer aus, die Deutschen haben das Gesetz des Handelns verloren. Die »neue Flüchtlingspolitik« nordrhein-westfälischer Art wird auch kaum andere Bundesländer »anstekken«. Sie ist zu teuer. Mehr als 20 Millionen Mark für die Rücksiedlung von 500 bis 600 Menschen auszugeben, kann wohl kaum ein Modell für eine neue Flüchtlingspolitik sein.

Ob es die anderen Sinti und Roma in Deutschland vorziehen werden, hierzubleiben, oder ob sie ebenfalls in ihre von deutschen Steuergroschen erbauten Behausungen ziehen, erscheint in der Wirkung gleich. Gehen sie zurück, sind sie dort lediglich eine weitere Reklame für das großzügige Asylland Deutschland. Bleiben sie hier, fallen sie der öffentlichen Hand zur Last. Natürlich können sie dennoch in der Heimat Urlaub machen. Tatsächlich scheint es selbst in Rumänien für Sinti und Roma nicht so unerträglich zu sein, daß sie nicht – während des laufenden Asylverfahrens – ihr Sammellager in Deutschland für ein paar Wochen verlassen könnten, um zu Hause Verwandte zu besuchen.[153]

## *Ausdauer wird belohnt*

Die Zigeunerfarce ist unter den Skurrilitäten deutscher Asyl- und Ausländerpolitik kein Einzelfall. Stets gibt es irgendeinen Grund, in Deutschland bleiben zu können, nicht abgeschoben zu werden. Mit Einführung des neuen Ausländergesetzes wurde zwar die Duldung einzelner Gruppen durch individuelle Ländererlasse hinfällig, doch wurden im großen Maßstab »Altfallregelungen« getroffen, die den Verbleib in der Bundesrepublik nicht nur ermöglichten, sondern eine Verfestigung des Aufenthalts vorsahen. Im übrigen ermöglicht Paragraph 100 des Ausländergesetzes, all den Nichtabgeschobenen, die sich seit acht Jahren in der Bundesrepublik aufhalten, eine Aufenthaltsbefugnis zu erteilen. Soviel Ausdauer muß offenbar vom Gesetzgeber belohnt werden.

Und wieviel Menschen wissen eigentlich, daß die »Aufenthaltsbefugnis selbst bei Wegfall der humanitären Gründe verlängert werden« darf?[154] Der Ausländer kann bleiben, weil er schon so lange da ist. Kaum zu glauben, aber leider wahr.

Bleiberecht in Deutschland kann man sich ersitzen, nicht nur erklagen: Erst werden Ausländer als Asylbewerber aufgenommen, um in jahrelangen Verfahren ihre Asylgründe zu untersuchen. Dann werden sie geduldet, nicht weil sie politisch verfolgt sind, sondern weil sie aus humanitären Gründen nicht abgeschoben werden können. Sind auch diese humanitären Gründe entfallen, dürfen sie bleiben, weil sie nach juristischem Verständnis mittlerweile »integriert« sind. Leicht ist es, nach Deutschland einzureisen, schwierig ist es, zurückgeschickt zu werden.

Weitere Ausweisungshindernisse sind auch Krankheit, Schwangerschaft und das Fehlen eines Passes. Bis zu fünfzig Prozent der Asylbewerber werfen vor Antragstellung ihre Pässe weg, spätestens aber nach erfolgter Abschiebeandrohung:[155] Die Neubeschaffung eines Passes kann einen Monat oder mehr in Anspruch nehmen. Ist es schließlich doch soweit, kann der Ausländer immer noch auf die unsicheren Zustände in seinem Heimatland pochen: Im Falle einer Abschiebung muß eine gefährdungsfreie Rückkehr in die Heimat möglich sein. Auch der Wohnort in diesem Heimatland muß ohne Gefahren erreicht werden können: »Vielmehr hat die Behörde [. . .] darzulegen, ob dem Betreffenden die Reise vom Ort des Grenzübertritts bis zum gefährdungsfreien Ort innerhalb des Herkunftsstaates [. . .] möglich sein wird. Trifft die Behörde keine diesbezüglichen Feststellungen [...], ist die Abschiebungsandrohung rechtswidrig und aufzuheben.«[156]

Kein Zweifel, der immer wieder festgestellte »Sog« der Bundesrepublik ist selbst erzeugt, unter anderem durch eine fahrlässig liberale Duldungs- und Nichtabschiebepraxis. Das ganze Ausmaß dieser Humanitätsduselei ist breiten Schichten der Bevölkerung noch gar nicht bekannt. Sonst wäre die »Rebellion der Wähler« bei den Landtagswahlen in Baden-Württemberg und Schleswig-Holstein im April 1992 möglicherweise noch dramatischer ausgefallen. Wo deutsche Duldungspraxis dagegen ganz sicher bekannt ist, sind Länder wie Libanon und Sri Lanka. Die Anziehungskraft der Bundesrepublik ist stark genug, Tausende von Tamilen um den halben Erdball fliegen zu lassen, um in Deutschland Schutz vor dem Bürgerkrieg daheim zu suchen. Wesentlich näher und billiger wäre die Flucht nach Südindien. Dort gibt es einen tamilischen Bundesstaat, die Neuankömmlinge wären also unter ihresgleichen. Lieber investiert man jedoch seine Habe in eine Reise nach Deutschland. Da niemand von ihnen zurückkehrt, müssen Bekannte und Verwandte annehmen, daß sich die Sache lohnt.

Vor 1982 war es nicht ungewöhnlich, wenn Asylverfahren bis zu zehn Jahren dauerten. Dadurch ergab sich eine besondere Schwierigkeit, weil praktisch die Verfahrensdauer selbst schon zu einem Verweilgrund wurde. Man muß sich das so vorstellen: Ein Asylbewerber kommt nach Deutschland, später zieht auch seine Frau nach. Während der Dauer des Verfahrens werden Kinder geboren. Später gehen die Kinder in die Schule. Sie wachsen mit deutschen Kindern auf. Wenn dann nach acht oder zehn Jahren die endgültige Ablehnung des Asylantrages erfolgt, haben sich die Eltern möglicherweise zum Teil integriert, die Kinder kennen das Herkunftsland ihrer Eltern überhaupt nicht. Tatsächlich wurde ein großer Teil jener Asylbewerber, die vor 1982 einen Asylantrag stellten und abgelehnt wurden, nicht abgeschoben. Deshalb bemühte man sich, die Verfahrensdauer zu verkürzen. Das gelang auch durch das Asylverfahrensgesetz, das der Deutsche Bundestag im Jahre 1982 auf Drängen des Bundesrates nach mehr als zweijähriger Beratung schließlich verabschiedete. Dennoch hat sich die damals damit verbundene Hoffnung, die Verfahrensdauer auf ein Jahr zu beschränken, nicht erfüllt. Nach wie vor dauern die Verfahren mehr als ein Jahr, manchmal bis zu drei oder vier Jahren. Deshalb war die Verkürzung der Verfahrensdauer ein wesentliches Ziel der Asylpolitik. Die lange Verfahrensdauer ist ein zusätzliches Argument für die Neuordnung des deutschen Asylrechts.

# *Asyl – was ist zu tun?*

Das Flüchtlingsproblem besteht weltweit und kann nur weltweit gelöst werden. Es ist eine Herausforderung an die Gemeinschaft der Kulturstaaten, deren Ziel es sein muß,

- das Asylrecht international zu harmonisieren,
- die Wanderungsbewegungen zu regionalisieren,
- auf einen Wegfall der Fluchtgründe hinzuarbeiten und
- die Verantwortlichkeit der Verfolgerstaaten klarzustellen.

Auf der Erde gibt es derzeit etwa 65 Staaten bzw. Regionen, in denen Krieg, Bürgerkrieg oder bürgerkriegsähnliche Verhältnisse sowie wirtschaftliche, soziale und ethnische Spannungszustände herrschen, welche Fluchtbewegungen auslösen könnten. Daher ist es zwingend geboten, daß die Kulturstaaten dieser Erde die Lösung dieses Problems als eine gemeinsame Aufgabe begreifen, die gleichwertige Beiträge aller Staaten erfordert. Unser Jahrhundert gilt als ein »Jahrhundert der Flüchtlinge«. Im Verlauf von wenigen Jahrzehnten haben sich Bevölkerungsbewegungen vollzogen, die nach Art und Größenordnung Völkerwanderungen gleichen.

Diese Wanderungsbewegungen beruhen zu einem Teil sicherlich auf den tiefgreifenden Umwälzungen und Erschütterungen, die im Verlauf dieses Jahrhunderts die Erde heimgesucht haben. Sie beruhen zu einem guten Teil aber auch auf einer gewachsenen Mobilität infolge erschwinglicher Flugverbindungen sowie einem Wandel in der Art und der Motivation derer, die ihrer Heimat den Rücken kehren: Der »klassische« Asylant – Lenin zum Beispiel –, war ein aus politischen Gründen Verfolgter, der vorübergehend im Ausland Zuflucht suchen mußte, aber um jeden Preis in seine Heimat zurückkehren wollte, sobald dies möglich war. Ihm hätte es ferngelegen, im Asyl etwas anderes zu sehen als eine temporäre Notlösung. Ihm zu unterstellen oder zuzumuten, auf Dauer im Aufnahmeland zu bleiben, wäre für ihn kränkend und schmerzlich zugleich gewesen.

Das derzeitige System der Flüchtlingshilfe geht zwar vom Ziel der Heimkehr aus. Zugleich werden aber Maßnahmen zur Integration im Zufluchtsland gefordert und praktiziert. Integrationsmaßnahmen wirken jedoch der Zielsetzung der Heimkehr entgegen. Im wesentlichen sorgen drei Faktoren dafür, daß das Interesse an der permanenten Niederlassung im Aufnahmeland das Rückkehrinteresse übertrifft:

- wirtschaftliche Eingliederung im Zufluchtsland,
- längerer Aufenthalt im Zufluchtsland,
- die Entfernung des Zufluchts- vom Herkunftsland.

Dieser Entwicklung muß der deutsche Gesetzgeber Einhalt gebieten. Es kann nicht der Sinn des Asylrechts sein, Wanderungsbewegungen größten Umfangs zu fördern. Angesichts der Begrenztheit der finanziellen Mittel und der Aufnahmekapazitäten in allen Aufnahmeländern müssen die politischen Intentionen und Maßnahmen vielmehr dahin gehen, mit den gegebenen Ressourcen sinnvoller als bislang umzugehen.

Gerade in der Politik gilt, daß die vernünftigste und rationellste Methode der Problembehandlung nicht die Folgenbeseitigung, sondern die Ursachenbekämpfung ist. Ziel muß es daher sein, dem Flüchtlingswesen und -elend durch Beseitigung der Fluchtgründe zu begegnen. Allerdings wäre es eine weltfremde Illusion, anzunehmen, man könne kurz- oder mittelfristig jene wirtschaftliche Ungleichheit beseitigen, die die eigentliche »Flucht«-Ursache darstellt. Selbst wenn der Willen zur Beseitigung dieser Ungleichheit in Deutschland bestünde, unsere Mittel und Möglichkeiten reichten nicht zur Einführung des globalen Wohlstandes aus. Am deutschen Wesen soll die Welt genesen, hieß es einst. Dieser Spruch war früher so töricht wie heute.

Im übrigen gilt es zu berücksichtigen, daß ein nicht geringer Teil der Flüchtlinge von ihren Heimatstaaten oder von anderen Volksgruppen gerade deswegen ausgegrenzt oder benachteiligt wird, weil sie dort erhebliche Probleme verursachen. Es hat keinen Sinn, diese Minderheiten in andere Staaten umzusiedeln, wo sie erneut und möglicherweise in noch stärkerem Maße als zuvor isoliert sind und mit ihrer Umwelt in soziale und ethnische Spannungszustände zu geraten drohen. Auch sollte nicht vergessen werden, daß die Mittel, die für die Unterbringung eines Asylbewerbers in der Bundesrepublik nötig sind, in seinem Heimatland bis zu 20 Menschen ernähren könnten.

Ein wesentlicher Schritt in Richtung auf die Beseitigung der Fluchtgründe wäre es, wenn die Staaten, welche Entwicklungs- oder sonstige materielle Hilfe gewähren, ihre Leistungen in stärkerem Maße und koordiniert von der Einhaltung humanitärer, wirtschaftlicher und freiheitlicher Mindestbedingungen durch die Empfängerstaaten abhängig machen und dadurch zum Wegfall der Emigrationsgründe beitragen würden.

Es mutet grotesk an, daß beispielsweise Sri Lanka einerseits im Jahre 1984 annähernd 115 Millionen DM (projektbezogener) Entwicklungshilfe von der Bundesrepublik erhalten hat und andererseits Zustände im Lande duldet (oder sogar fördert), die zu einem massenhaften Exodus führen, für den gleichfalls die Bundesrepublik in Form der Asylgewährung in erheblichem Maße aufkommen muß. Es wäre eine verdienstvolle Aufgabe der Diplomatie, ein Junktim zwischen der Weitergewährung der Entwicklungshilfe und der Herstellung eines Mindestmaßes an innerstaatlicher Ordnung herzustellen und durchzusetzen.

## *Asyl regional – Weltreisen weder sinnvoll noch notwendig*

Eine weitere Möglichkeit, das Asylwesen in geordnetere und vernünftigere Bahnen zu lenken, ist mit dem Begriff *»Regionalisierung des Asylrechts«* zu umschreiben.

Nur eine an weltfremden Vorstellungen orientierte Problemsicht kann Sinn und Rechtfertigung darin erkennen, daß nach Hunderttausenden zählende Flüchtlingsströme sich über die

Grenzen von Kontinenten hinweg in Bewegung setzen, um auf Dauer in einem Teil der Welt seßhaft zu werden, dessen Sprache sie nicht sprechen, dessen Kultur nicht die ihre und dessen Mentalität ihnen fremd ist. Vielmehr ist es ein Gebot der Menschlichkeit, Flüchtlingen das Unterkommen nach Möglichkeit in einem Land zu ermöglichen, das derselben Erdregion zugehört, in der sie beheimatet sind. Die Umsiedlung in eine Region gänzlich anderer zivilisatorischer und kultureller Prägung führt fast zwangsläufig zu Entwurzelung, Identitätsverlust und Entfremdung, die die an sich selbstverständliche Rückkehr in die Heimat nach dem Wegfall der Gefährdung erschweren oder unmöglich machen.

Ein Beispiel für praktische Möglichkeiten der regionalisierten Asylgewährung, aber auch für Ungereimtheiten unseres Asylrechts, bieten die Verhältnisse auf dem indischen Subkontinent: Der indische Bundesstaat Tamil Nadu, der von rund 40 Millionen Tamilen bewohnt wird, ist durch eine 30 Kilometer breite Wasserstraße von Sri Lanka getrennt. Während die Schweiz und die Niederlande Tamilen nur vereinzelt als politische Flüchtlinge anerkennen, soll die Bundesrepublik allen Tamilen offenstehen, die den bürgerkriegsähnlichen Zuständen ihrer Heimat zwar entgehen, aber nicht zu ihren Landsleuten in ihre angrenzende ethnische Heimat Südindien überwechseln, sondern lieber um die halbe Erde nach Westeuropa reisen wollen.

Für eine Regionalisierung des Asyls spricht zudem, daß sie am ehesten geeignet ist, soziale Spannungen als Folge einer massenhaften Einwanderung von Menschen mit einer anderen Kultur zu vermeiden, und ein derselben Region angehörendes Gastland noch am ehesten in der Lage ist, mit hinreichender Zuverlässigkeit die Existenz, Größe und Dauer der dem Asylbewerber drohenden Gefahr zu beurteilen.

Nun meinen manche »Dritte-Welt«-Beglücker, allein die reichen Industrieländer stünden in der Verantwortung, das »Weltflüchtlingsproblem« anzupacken. Eine Regionalisierung würde den armen Entwicklungsländern zu große Lasten aufbürden. Diese Behauptung übersieht, daß gerade die westlichen Staaten den Großteil der UN-Flüchtlingshilfe finanzieren, mit der die Flüchtlinge in Staaten der »Dritten Welt« ernährt werden. Tatsache ist auch, daß Deutschland sich bereits heute einen erheblichen Teil des Weltflüchtlingsproblems aufgebürdet hat. Dies ist nicht bekannt genug und kann folglich nicht in nötigem Maße gewürdigt werden. In jüngster Zeit etwa wurden mehr als 200 000 Bürgerkriegsflüchtlinge aus dem ehemaligen Jugoslawien aufgenommen.

Linke und »liberale« Politiker, denen das nicht reicht, zitieren gern Zahlen der Vereinten Nationen, nach denen es 1991 17,5 Millionen Flüchtlinge »unter UNHCR-Mandat« gegeben haben soll.[157] Eine imposante Zahl. Deutschland taucht in dieser Statistik mit 250 000 Flüchtlingen auf, hinter Costa Rica, das laut UNHCR 278 600 Menschen Zuflucht bietet. Das liegt daran, daß die UN lediglich die rechtlich als solche anerkannten Flüchtlinge zählt, nicht aber De-facto-Flüchtlinge und Asylbewerber. Gerade sie sind es aber, die Deutschland besonders teuer kommen. Während Bürgerkriegsflüchtlinge etwa in Afrika stets mit dem UNHCR-Prädikat »Flüchtling« rechnen dürfen, gelten sie in der Bundesrepublik gerade *nicht* als Flüchtlinge im Sinne der Genfer Flüchtlingskonvention.

Auch in anderer Hinsicht ist Skepsis gegenüber der sogenannten Weltflüchtlingskarte der UNHCR angebracht. Nicht immer sind die UN-Hilfsorganisationen imstande, Hunderttausende oder gar Millionen von Flüchtlingen in einem Land nachzuzählen. Dann muß man sich notgedrungen auf die Angaben der einheimischen Behörden verlassen. Diese geben natürlich möglichst hohe Zahlen an, um in den Genuß entsprechender Hilfeleistungen zu kommen. Entsprechende Zahlenmanipulationen wurden beispielsweise von der Regierung Somalias praktiziert, die jahrelang bemüht war, UNHCR-Vertretern ausreichenden Zugang zu den Lagern zu verwehren.

In einem Lagebericht des Auswärtigen Amtes zur Flüchtlingssituation in Somalia vom Januar 1988 wird auch deutlich, wie wenig das Prädikat Flüchtling über das Schicksal der Betroffenen aussagt: »Die Zahl der [äthiopischen] Flüchtlinge in Somalia wird derzeit mit 840 000 angegeben (diese Zahl wurde mangels genauer Zählungen zwischen den somalischen Behörden und dem UNHCR zu Verwaltungszwecken vereinbart). [. . .] Die Flüchtlinge kamen [. . .] in der Folge des äthiopisch-somalischen Krieges 1977/78 und [. . .] nach der großen Dürre in Äthiopien 1984/85. Die ausländische Hilfe für die Flüchtlinge ist inzwischen zu einem wichtigen wirtschaftlichen Faktor für das gesamte Land geworden, bei dem nicht zuletzt auch Profitinteressen politischer Funktionsträger involviert sind. Die somalische Regierung ist deshalb daran interessiert, die Zahl der Flüchtlinge möglichst hoch anzugeben. Spontane Rückkehrbewegungen in die alten Weidegebiete auf äthiopischer Seite wurden deshalb bestritten. An Maßnahmen zur Repatriierung, Integration und Einbürgerung zeigt sie sich nicht ernsthaft interessiert [. . .] Die weitaus überwiegende Mehrheit der Flüchtlinge selbst hat wohl auch keine Absicht, nach Äthiopien zurückzukehren, zumal es den Menschen in den Flüchtlingslagern in der Regel wegen der ausländischen Hilfe relativ gut geht (meist besser als den Menschen in den benachbarten Siedlungen).«[158] Wer ist da eigentlich noch Flüchtling und wer nicht?

Das kleine Malawi in Südostafrika wird in der Flüchtlingsstatistik von 1991 mit 940 000 Flüchtlingen geführt. Der Zustrom von Menschen aus dem vom Bürgerkrieg ruinierten Moçambique hat in Malawi zu scharfen Spannungen zwischen Einheimischen und Zuwanderern geführt. Die Dürre im südlichen Afrika verschlimmert das Problem. Es ist sehr wahrscheinlich, daß der Großteil der Moçambiquaner in den nächsten Jahren wieder nach Hause zurückkehren wird, da die Intensität des Bürgerkrieges erheblich nachgelassen hat. Im Frühjahr 1992 war die Zahl der Flüchtlinge in Malawi auf 850 000 zurückgegangen.[159] Anders in Deutschland: Kaum ein Zuwanderer kehrt freiwillig wieder in die Heimat zurück. Zu groß sind die Chancen, die der bundesrepublikanische Wohlstand bietet.

Selbst wenn es 1991 international 17,5 Millionen Flüchtlinge unter UNHCR-Mandat gegeben haben sollte, steht Deutschland mit seiner Flüchtlingszahl von 1,2 Millionen nicht schlecht da.

Zählen wir den 17,5 Millionen zwei Millionen De-facto-Flüchtlinge in Europa hinzu, hätte Deutschland ungefähr sechs Prozent der Flüchtlinge aufgenommen. Angesichts der dichten Besiedlung Zentraleuropas eine enorme Leistung! Etwa die Hälfte der 1,2 Millionen in der Bundesrepublik gezählten Flüchtlinge empfing in irgendeiner Form staatliche Unterstützung. Das waren zweifellos die meisten der 450000 Asylbewerber sowie ein Teil der De-facto-Flüchtlinge. Familienangehörige eingerechnet, wurden 1991 ungefähr 600000 Menschen alimentiert. Für sie wurden sechs Milliarden Mark ausgegeben, also etwa 10000 Mark pro Kopf. Kein anderes Land der Welt gibt so viel Geld für Flüchtlinge und Scheinflüchtlinge aus.

Laut UNHCR-Statistik hielt Iran mit 3,6 Millionen Flüchtlingen den internationalen »Rekord« vor Pakistan mit 3,2 Millionen. Diese Menschen werden in beiden Ländern – in Pakistan mehr, in Iran weniger – von internationalen Hilfsorganisationen unter der Obhut der Vereinten Nationen betreut. Mehr als 10 Prozent der UN-Hilfsfonds werden von Deutschland beigesteuert. Über Eigenaufwendungen Pakistans und Irans werden kaum Zahlen veröffentlicht. Die pakistanische Botschaft in Bonn teilte auf Anfrage mit, daß die Lebensmittelversorgung der Flüchtlinge von 1988 bis 1990 pakistanische Eigenanstrengungen in Höhe von 82,4 Millionen Dollar erforderlich machte. Weiterhin entstünden jährliche Transportkosten von 37 Millionen Dollar. UN-Organisationen wandten dagegen im Jahr 1991 insgesamt 170 Millionen Dollar für afghanische Flüchtlinge in Pakistan auf. Rechnet man alles zusammen, ergeben sich jährliche Ausgaben von etwa 73 Dollar pro Kopf oder knapp 120 Mark. Gleichzeitig stellt der Hohe Kommissar fest, daß »die Mehrheit der Flüchtlinge wirtschaftliche Selbstversorger sind«.[160]

Die UNHCR-Darstellung überrascht nicht, denn nach mehr als zehn Jahren hat sich der Aufenthalt der Menschen »verfestigt«, man hat irgendwie und irgendwo sein Auskommen gefunden. Die Betreuung der afghanischen Flüchtlinge in Pakistan und Iran ist offenbar um ein vielfaches billiger als in Deutschland.

Im UNHCR-Bericht zur Lage der afghanischen Flüchtlinge in Iran heißt es: »Nur ein kleiner Prozentsatz der afghanischen Flüchtlinge lebte in Lagern, wo sie mit Essen, Unterkunft und medizinischer Versorgung von den Behörden versorgt wurden. Die große Mehrheit lebte in städtischen Zentren über das ganze Land verteilt, wo sie, allgemein gesprochen, in die örtliche Gemeinschaft und Arbeitnehmerschaft (›labour force‹) integriert sind [...] Etwa 500 000 Flüchtlinge lebten [...] in Dörfern oder provisorischen Siedlungen, wo sie subventionierte Lebensmittel-Rationen empfingen.«[161] Das ist auch die ungefähre Zahl deutscher Hilfsempfänger. Allerdings ist der deutsche Aufwand um ein vielfaches höher.

Betrachtet man das »Weltflüchtlingsproblem« also etwas genauer, dann wird deutlich, daß es nicht *so* katastrophal ist, wie deutsche Weltschmerz-Philosophen es gern hätten: Der Großteil der 6,8 Millionen Flüchtlinge in Pakistan und in Iran ist nicht mehr auf Hilfe angewiesen. Sie stellen nach UNHCR-Berechnung aber bereits mehr als ein Drittel der internationalen Flüchtlingsgesamtzahl! Ohne irgend etwas schönreden zu wollen, läßt sich feststellen, daß die Horrorzahl von 17,5 Millionen einiges von ihrem Schrecken verliert. Vor allem ist die Unterbringung der Flüchtlinge in »heimatnahen« Gebieten, also die Regionalisierung der Flüchtlingsströme, wesentlich billiger als die Migration zum nächsten oder übernächsten Kontinent. Im übrigen deutet alles darauf hin, daß die Hälfte der jetzigen Flüchtlinge mittelfristig in ihr Heimatland zurückkehren kann; in Afghanistan wie in Moçambique kehrt allmählich Frieden ein.

Fazit: Das »Weltflüchtlingsproblem« kann kein Argument sein, jedes Jahr aufs neue Hunderttausende von Asylbewerbern und Pseudoflüchtlingen aufzunehmen. Das sind wir niemandem schuldig. Deutschland schneidet im internationalen Vergleich als sehr großzügiges Aufnahmeland ab; wenn der Prozentsatz an Hilfsempfängern unter den Flüchtlingen in Deutschland wesentlich höher als anderswo liegt, so liegt das wohl vor allem an der reichlich bemessenen deutschen Sozialhilfe. Und was die auch von Heiner Geißler gern beschworenen Armutsflüchtlinge angeht:[162] Es ist keine Perspektive, Kalkutta helfen zu wollen, »indem man Kalkutta hier aufbaut«.[163] 200 Millionen Inder aufzunehmen, würde in Indien wenig ändern, denn die Bevölkerung wird bald die Milliardengrenze erreicht haben.

## *Internationale Harmonisierung – Deutschland muß handeln*

Ein weiterer Schritt im Rahmen konzertierter Maßnahmen der Aufnahmeländer müßte neben der Regionalisierung der Flüchtlingsbewegungen die *Harmonisierung* der Asylpolitik und des Asylrechts der Staaten sein. Überlegungen, wie die Bundesrepublik davor zu schützen ist, bevorzugtes Ziel von Massenwanderungen zu sein, müssen berücksichtigen, daß sich die Richtung der Wanderungsbewegungen vornehmlich an den asylrechtlichen und wirtschaftlichen Gegebenheiten der in Betracht kommenden Gastländer ausrichtet. Es muß daher gelingen, das weltweite Problem der politischen Flüchtlinge auf der Basis eines ethischen Grundkonsenses in dem Sinne zu lösen, daß sich alle Kulturstaaten in Anerkennung einer humanitären Gesamtverantwortung zu einem gleichartigen und gleichgewichtigen Beitrag bei der Verteilung der Lasten bereitfinden.

In der praktischen Konsequenz bedeutet dies, daß das Asylrecht aller Kulturstaaten in seinen wesentlichen Elementen zu harmonisieren ist. Das derzeitige Spektrum reicht vom Fehlen jeglichen Asylanspruchs bis zur verfassungsrechtlichen Normierung (Bundesrepublik) und von der Aufnahme geringster Flüchtlingszahlen bis zur jahrelangen Überflutung (Pakistan). Dieses auf Dauer unerträgliche Ungleichgewicht kann nur durch eine Vereinheitlichung asylrechtlicher Bedingungen abgebaut werden. Dazu gehören ein harmonisiertes Asylrecht, die Angleichung der Aufnahmekontingente und der gewährten Sozialleistungen sowie finanzielle Ausgleichsleistungen der unterdurchschnittlich belasteten Aufnahmeländer.

Es wäre unrealistisch, globale Maßnahmen dieser Art auf kurze Sicht zu erwarten. Die Bundesregierung sollte Bemühungen in diese Richtung daher zunächst auf den europäischen Raum und insbesondere auf die Europäische Gemeinschaft konzentrieren. Es wird sicherlich keine einfache Aufgabe sein, bei den Partnerstaaten Verständnis dafür zu wecken, daß die Aufnahmefähigkeit der Bundesrepublik erschöpft ist und die von dem hiesigen Asylrecht ausgehende Sogwirkung auf Dauer nicht verkraftet werden kann.

Der Zwang zur Rechtsvereinheitlichung wird um so dringlicher, je mehr andere europäische Staaten scharfe Restriktionen auf dem Gebiet des Asylrechts und der Asylpraxis vornehmen. Wir sind die unmittelbar Betroffenen solcher Maßnahmen, da die Asylbewerber nicht ihre Fluchtabsicht, sondern lediglich ihr Zielland ändern werden. Zumindest innerhalb der EG muß der Auseinanderentwicklung der nationalen Asylvorschriften entgegengewirkt werden, da eine Staatengemeinschaft, die sich auch als politische Union begreift, zumindest in den politisch und praktisch relevantesten Rechtsbereichen einheitliche Regelungen haben muß. Dies bedeutet natürlich, daß jedes Land, auch Deutschland, bereit sein muß, sein derzeit gültiges Asylrecht zur Disposition zu stellen, wenn und insoweit die Harmonisierung es verlangt.

Nachdem es nicht möglich erschien, die für eine Grundgesetzänderung notwendige Mehrheit zusammenzubringen, tauchte der Gedanke auf, die Harmonisierung ohne formale Grundgesetzänderung zu erreichen, indem die Gemeinschaft Regelungen vornimmt, die auch für die Bundesrepublik Deutschland verbindlich werden. So wie Bundesrecht Landesrecht bricht, wollte man mit Europarecht das Bundesrecht brechen, einschließlich unseres Verfassungsrechts. Voraussetzung für den erfolgreichen Versuch wäre, daß die Europäische Gemeinschaft die Kompetenz für diese Fragen hat. Es mögen sich darüber nicht alle Gelehrten einig sein, aber eine erkleckliche Zahl von ihnen vertritt jedenfalls die Auffassung, daß die Gemeinschaft die Kompetenz bereits jetzt habe, wenn sie sie eben haben wollte.

In einem Gutachten des Wissenschaftlichen Dienstes des Deutschen Bundestages heißt es: »Die Angleichung der Asylvorschriften ist eine Grundvoraussetzung für die vollständige Beseitigung der Binnengrenzen in der Gemeinschaft. Zur Erreichung dieses Ziels kann nicht darauf verzichtet werden, daß – als untrennbarer Teil einer allgemeinen Politik gegenüber Drittstaatsangehörigen – insbesondere auch Asylbewerber, die wegen ihres minderen Rechtsstatus bisher noch an der Grenze kontrolliert werden, sich frei und ungehindert innerhalb der Gemeinschaft bewegen können [. . .] Die Zuständigkeit der EG für eine Asylrechtsharmonisierung ist durch Artikel 100 [des EWG-Vertrags] in Verbindung mit Artikel 2, 3 Buchstabe c und h sowie Artikel 8 a begründet. Sie folgt daraus, daß ein Gemeinsamer Markt bzw. die Vollendung des Binnenmarktes mit einem unkontrollierten Personenverkehr über die Binnengrenzen eine solche Angleichung der nationalen Asylvorschriften notwendig voraussetzt.«[164]

Wenn in diesem Zusammenhang außerdem auf den Beschluß des Bundesverfassungsgerichtes vom 22. Oktober 1986 verwiesen wird, in dem das Gericht die Auffassung vertritt, es werde abgeleitetes Gemeinschaftsrecht nicht mehr am Maßstab der Grundrechte des Grundgesetzes überprüfen, dann gäbe es keine Grenze mehr für ein Tätigwerden der Gemeinschaft im Asylbereich. Dazu heißt es im Gutachten: »Das Bundesverfassungsgericht ist hier der Auffassung, daß auf den Grundrechtsschutz des Grundgesetzes verzichtet werden könne, weil mittlerweile im Hoheitsbereich der Europäischen Gemeinschaften ein Grundrechtsschutz entstanden sei, der nach Konzeption, Inhalt und Wirkungsweise dem Grundrechtsstandard des deutschen Grundgesetzes im wesentlichen gleichkomme.«[165] Zu einem vergleichbaren Ergebnis kommt auch der Staatsrechtler Professor Dieter Blumenwitz in einem von ihm erstellten Gutachten.[166]

Demgegenüber vertritt die Generaldirektion Wissenschaft

und Dokumentation in Luxemburg die Auffassung: »Artikel 100 EWG-Vertrag enthält die Kompetenz zum Erlaß von Richtlinien für die Angleichung derjenigen Rechts- und Verwaltungsvorschriften der Mitgliedstaaten, die sich unmittelbar auf die Errichtung oder das Funktionieren des Gemeinsamen Marktes auswirken. Da die EG-Verträge in den hier bei der Asylfrage relevanten Bereichen des freien Personenverkehrs usw. nur für die Staatsangehörigen der Mitgliedstaaten gelten, ist nicht ersichtlich, inwiefern die unterschiedlichen Regelungen des Asylrechts in den einzelnen Mitgliedstaaten sich unmittelbar [!] auf Errichtung oder Funktionieren des Gemeinsamen Marktes auswirken könnten. Artikel 100 EWGV gibt also auch keine Regelungskompetenz im Bereich des Asylrechts.«[167]

Dies ist offenkundig nicht zu Ende gedacht. Aber im Ergebnis heißt es in der Stellungnahme, »daß die Gemeinschaftsrechtsordnung in ihrer derzeitigen Ausgestaltung keine ausreichenden Ansatzpunkte enthält zur Begründung einer Ermächtigungsgrundlage zum Erlaß rechtsverbindlicher Regelungen im Bereich des Asylrechts. Dieses beruht letztlich darauf, daß gegenüber dem allumfassenden Zuständigkeitsbereich eines völkerrechtlich souveränen Staates den Gemeinschaften durch die Verträge nur ein sehr eingeschränkter Aufgaben- und Zielbereich zugewiesen worden ist.«[168]

Die Sorge des Bundesministers des Innern war in diesem Zusammenhang, daß möglicherweise bei späteren Verfassungsgerichtsverfahren das Hohe Gericht sich nicht an die eigene Selbstbeschränkung, die im Beschluß vom 22. Oktober 1986 formuliert war, halten werde. In jedem Falle ist die Frage geprüft worden, ob man nicht auf dem europäischen Umweg zu einer Überwindung des Artikels 16 ohne Verfassungsänderung kommen könne. Ob dieser Weg rechtlich gangbar gewesen wäre, ist nicht zu Ende geprüft worden. Denn die anderen europäischen Partner waren nicht bereit, diesen Weg einer Harmonisierung zu beschreiten.

In den letzten Jahren hatte der Bundeskanzler das Asylthema neben der Drogenproblematik und der organisierten Kriminalität zur Chefsache erklärt und die Absicht geäußert, diese Frage auf europäischer Ebene zu lösen. In seiner Regierungserklärung vom 27. April 1989 heißt es dazu: »Im übrigen ist dies kein Problem der Bundesrepublik Deutschland allein. In einem Europa der offenen Grenzen müssen wir auch Asylpraxis und Asylrecht harmonisieren. Auf meinen ausdrücklichen Wunsch hin wird dieses Thema deshalb auf dem EG-Gipfel in Madrid beraten – ein weiteres Mal dann im Dezember in Paris. Wir wollen in der Gemeinschaft einheitliche Maßstäbe finden.«[169] Die Bemühungen, die Asylpolitik in die Zuständigkeit der Gemeinschaft einzubeziehen, blieben aber erfolglos. Die Kommission mußte einen Anfang 1989 fertiggestellten Entwurf der Asylrechtsharmonisierung wieder zurücknehmen. Deshalb wollte der Kanzler das Asylthema auf dem Gipfel in Maastricht erneut mit dem Ziel behandeln, daß die Gemeinschaft die Sache an sich zieht. Dieser Versuch ist politisch gescheitert, so daß sich die Prüfung der Rechtslage gegenwärtig erübrigt.

Offenbar finden die anderen EG-Länder den derzeitigen Zustand, daß die Deutschen etwa 60 Prozent der Bewerber aufnehmen, besser als eine Harmonisierung, die natürlich auch einen Verteilerschlüssel für die einzelnen Länder enthalten müßte. Im Falle einer Harmonisierung mit Verteilerregel stünden sie ja schlechter da als gegenwärtig. Auch in der EG ist den Ländern das Hemd näher als die Jacke. Die Gemeinschaft will die Last der Asylbewerber derzeit nicht gemeinschaftlich tragen. Deshalb bleibt den Deutschen nichts anderes übrig, als ihre Hausaufgaben allein zu machen. Sie müssen also eine parlamentarische Mehrheit zur Grundgesetzänderung finden. Und wenn die alten Parteien sie nicht finden, wird es eben neue Parteien geben. Die Bürger jedenfalls meinen, der Worte seien genug gewechselt.

Es spielt eine große Rolle, *welche* Grundgesetzänderung vorgenommen wird. Wenn die Sozialdemokraten in jedem Falle den einklagbaren Individualanspruch aufrechterhalten wollen, dann muß bezweifelt werden, ob eine solche Position in Europa konsensfähig ist. Der Beschluß des SPD-Parteirats vom 12. Mai 1992, der die europäische Harmonisierung zur Voraussetzung für eine Grundgesetzänderung machen will, übersieht die Interessenlage der anderen. Er widerspricht eindeutig dem deutschen Interesse. Denn offenbar ist die Voraussetzung für eine europäische Harmonisierung, daß die Deutschen mit gehörigem Handlungsspielraum in die Gespräche gehen. Mit den vom Parteirat genannten Bedingungen schwingen sich die Sozialdemokraten zum Oberlehrer in Sachen Menschenrechte in Europa auf – eine auch sonst bei Linken und Liberalen in Deutschland verbreitete Attitüde. Auf diese Weise wurde der Weg zur Harmonisierung nicht freigemacht, sondern verzögert. Eckhard Fuhr bemerkte zu Recht in der *Frankfurter Allgemeinen Zeitung*: »Die europäischen Partner Deutschlands werden darüber achselzuckend zur Tagesordnung übergehen und es möglicherweise zu schätzen wissen, daß ihnen der entschlossene Wille der Sozialdemokraten, lieber einen deutschen Sonderweg zu gehen als von weltfremden Maximalforderungen abzurücken, einen großen Teil der Flüchtlingslast abnehmen könnte. Denn es ist nicht zu bestreiten, daß Deutschland ohne Verfassungsänderung zum Reserve-Asylland würde.«[170]

Anfang Juli 1992 reisten die Asylexperten Gottfried Bernrath (SPD) und Johannes Gerster (CDU) nach Paris, um mit französischen Politikern über eine Harmonisierung des europäischen Asylrechts zu sprechen. Nach ihrer Rückkehr gaben sie am 9. Juli eine gemeinsame Presseerklärung heraus, die die Überschrift trug: »Asylrecht im Herbst europafähig machen – Genfer Flüchtlingskonvention statt Artikel 16 GG.«[171] In der Erklärung heißt es, Grundlage »der Asylgewährung in Europa muß ausschließlich die Genfer Flüchtlingskonvention sein [. . .] auch in Deutschland«. Dies würde in der Praxis die Streichung des Artikels 16 GG oder die faktische Aushöhlung des Grundrechts auf Asyl durch einen entsprechenden Zusatz bedeuten. Noch kurz zuvor, am 10. Juni 1992, hatte Gerster den Autor kritisiert, weil er eben diese Streichung des Artikels 16 gefordert hatte: »Den Mißbrauch eines Rechtes beendet man nicht durch dessen Abschaffung, sondern durch dessen Verbesserung. Der Lummer-Vorschlag kann allenfalls die Asyldebatte verschärfen und dadurch eine Lösung des Problems erschweren. Schon deshalb muß er nachhaltig zurückgewiesen werden.«[172]

Die Eiertänze von Unionspolitikern um das Thema Asyl reichen also bis in die jüngste Zeit. Doch zufrieden sollte man einmal mehr vermerken, daß Reisen bildet und auch späte Einsichten hilfreich sein können.

Die Grundgesetzänderung sollte ein Höchstmaß an Flexibilität erbringen. Die Bundesregierung muß bei den Harmonisierungsverhandlungen mit anderen EG-Ländern Spielraum haben, um überhaupt zu einer Einigung kommen zu können. Treffend formulierte das Bundesinnenminister Rudolf Seiters: »Ich brauche nur Verhandlungsspielraum.«[173] Dies ist auch deshalb vernünftig, weil niemand von uns ein großzügigeres Asylrecht verlangen kann, als die anderen Europäer es praktizieren. Und mehr sollten wir auch von uns selbst nicht verlangen. Die Mindestforderung lautet deshalb auf einen Gesetzesvorbehalt. Nach Lage der Dinge würde sich in der Folge eine Diskussion über den Wesensgehalt des Asylrechts ergeben, der nicht angetastet werden dürfte. Hinzu käme die bereits erwähnte Diskussion über die Rechtswegegarantie des Artikels 19.

Das notwendige Maß an Flexibilität für die Verhandlungen mit den anderen europäischen Ländern kann am ehesten erreicht werden, wenn der Artikel 16, Absatz 2, Satz 2 einfach aus dem Grundgesetz gestrichen wird. Sicher wird dies einen Aufschrei der Kirchen, der Linksintellektuellen und anderer Bedenkenträger hervorrufen, die der Bundesrepublik Unmenschlichkeit, Völkerrechtsbruch, moralischen Verfall und ähnliches vorwerfen werden. Aber all dies wäre abwegig. Denn die Genfer Konvention bliebe in Kraft. Es gibt andere Länder, in denen das Asylrecht ohnehin keinen Verfassungsrang hat. Diesen Ländern wird der Vorwurf der Unmenschlichkeit auch nicht gemacht.

Eine Streichung des Artikels 16 würde uns eine Diskussion über den Wesensgehalt dieses Artikels ebenso ersparen wie eine Änderung der Rechtswegegarantie des Artikels 19. Eine reformierte Genfer Flüchtlingskonvention würde als innerstaatliche Verpflichtung für die Regelung des Asylrechts ausreichen. Änderungen der Konvention sind notwendig, damit die an der Harmonisierung interessierten und beteiligten europäischen Länder sich auf eine gemeinsame Interpretation einigen können. Dazu gehört zum Beispiel die Präzisierung des Begriffes der »politischen Verfolgung«, um eine einheitliche und sichere Beurteilungsbasis für die Behörden und Gerichte zu gewinnen und eine eindeutige Abgrenzung gegen bürgerkriegsähnliche Spannungszustände sowie wirtschaftliche und soziale Zwangssituationen zu ermöglichen.

Hierzu gehört auch, gemeinsam Tendenzen einer Ausdehnung des Flüchtlingsbegriffs entgegenzutreten. Es muß daher auch ein Ziel der Staatengemeinschaft sein, internationale Verpflichtungen zu vermeiden, die über den Bereich der Genfer Flüchtlingskonvention hinausgehen. Die bestehenden rechtlichen Verpflichtungen können nur erfüllbar bleiben, wenn sie nicht überdehnt werden. Jede Ausweitung führt zwangsläufig zu einer Inflationierung des Flüchtlingsbegriffs, schafft neue Einwanderungsanreize und führt zu Belastungen, die am Ende nicht mehr zu verkraften sind.

In der Praxis kann natürlich auch die Konvention an ihre Grenzen stoßen. Dazu muß man sich nur vorstellen, daß die Länder der ehemaligen Sowjetunion ihren Bürgern kostenlose Pässe für die Ausreise zur Verfügung stellen oder ein revolutionärer Vorgang in China stattfindet, der zu einer Öffnung der Grenzen führt. Die in einem solchen Falle zu erwartenden Flüchtlingszahlen würden es den europäischen Ländern unmöglich machen, die Konvention voll anzuwenden. Die Folge wären erhebliche Konflikte in den einzelnen Ländern bis hin an den Rand bürgerkriegsähnlicher Situationen. Insofern bleiben auch diese Bestimmungen nur so lange vernünftig und anwendbar, als die Zahl eine bestimmte Dimension nicht überschreitet. Als dem international renommierten Tübinger Staatsrechtler Theodor Eschenburg 1986 die Frage gestellt wurde, ob das Grundrecht auf Asyl durch die schiere Menge der Asylsuchenden ad absurdum geführt werde, antwortete er: »Ja, es kann ad absurdum geführt werden, wenn es einen Umfang annimmt, den die Bundesrepublik materiell, bevölkerungsmäßig und von den Arbeitsplätzen her nicht verkraften kann.«[174] Wenn heute die von den Vereinten

Nationen festgestellten etwa 17 Millionen Flüchtlinge allesamt nach Europa kämen, würde dies bald *sämtliche* europäischen Asylkonventionen und -gesetze ad absurdum führen.

In der deutschen Diskussion wird oft von den rechtlichen und moralischen Grenzen geredet, die unseren Handlungsrahmen einengen. Diese Grenzen gibt es. Aber auch Gesetz, Verfassung und Konvention sind für die Lebenden gemacht worden und nicht für die Toten. Ergeben sich rechtliche Grenzen, die ein Problem unlösbar erscheinen lassen, dann müssen diese rechtlichen Grenzen überprüft und in Frage gestellt werden. Wenn das Grundgesetz einer Lösung entgegensteht, die für notwendig gehalten wird, muß es geändert werden. Und wenn sich auch die Genfer Konvention als zu anspruchsvoll erweisen sollte, wird sie geändert werden müssen. Politik ist die Kunst des Möglichen.

In der Praxis haben bisher nur Teile der möglichen Flüchtlings- und Wanderungsströme bei uns um Asyl nachgesucht. Zum Glück, muß man sagen, denn das Recht auf Leben und Identität eines Volkes und Staates ist immer noch höher zu bewerten als das Recht der Flüchtlinge und Scheinflüchtlinge. Wir hoffen, daß uns eine Abwägung zwischen diesen Werten erspart bleibt. Sicher kann aber niemand sein. Die ungeheuren Möglichkeiten der Inanspruchnahme des Grundrechts auf Asyl als auch der Genfer Flüchtlingskonvention zeigen sehr deutlich die Grenzen, die uns gesetzt sind. Und diese können durch die Praxis verschoben werden bis zu dem Punkt, wo sich die von allen erstrebte Freizügigkeit als eine schöne Illusion erweist. Der allgemeine Fortfall der staatlichen Grenzen muß so lange ein unerfüllbarer Traum bleiben, wie das ökonomische Gefälle zwischen den Ländern und Kontinenten gravierend bleibt.

Die Forderung im Pariser KSZE-Dokument vom November 1990 nach offenen Grenzen in Europa wird für einige Zeit ebenfalls eine Absichtserklärung bleiben, die nach der Erkenntnis zu bewerten ist: Leicht beieinander wohnen die Gedanken, doch hart im Raume stoßen sich die Sachen. Grenzen werden weiterhin ihren Sinn behalten, weil Grenzenlosigkeit nicht zur Verminderung, sondern zur Verschärfung von Konflikten beitragen kann. Offene Grenzen können die Identität eines Volkes bis an den Punkt in Frage stellen, wo es sich mit guten Gründen wehrt. Offene Grenzen können mehr Kriminalität bedeuten. Offene Grenzen bedeuten eben nicht nur Dialog, Gespräch, kulturelle Befruchtung und Vielfalt. Auch diese Medaille hat zwei Seiten. Und beide muß der Politiker sehen.

Die seit kurzem erörterte Möglichkeit, ein Einwanderungsgesetz mit bestimmten Quoten einzuführen, hat solange keinen Sinn, wie eine unkontrollierte Einwanderung über das Asylrecht erfolgt. Insofern kann über Einwanderungsquoten sinnvoll erst gesprochen werden, wenn man das Asylrecht im Griff hat. Ein Einwanderungsgesetz würde eine weitere Rechtsgrundlage für die Zuwanderung schaffen, also die Zahlen der Zuwanderer und die Probleme vermehren, statt sie zu verringern.

Die überdimensionale Zuwanderung der letzten Jahre ist eine Ursache für Folgeprobleme, die man nur in den Griff bekommen kann, wenn eben die Ursachen und nicht die Symptome bekämpft werden. Im Jahre 1991 kamen 222 000 Aussiedler und 256 000 Asylbewerber nach Deutschland, gleichzeitig fand eine Zuwanderung von wahrscheinlich mehr als 400 000 Ausländern statt. 1992 werden es möglicherweise eine Million Menschen sein, die nach Deutschland drängen. Alle diese Menschen wollen eine Wohnung und einen Arbeitsplatz. Sie wollen am öffentlichen Nahverkehr bzw. am Straßenverkehr teilnehmen und die Infrastruktur des Landes in Anspruch nehmen. Selbst die beste Regierung wird nicht in der Lage sein, für die derzeitige Zahl von Zuwanderern Wohnungen und Arbeitsplätze innerhalb eines kurzen Zeitraumes in ausreichendem Umfange zur Verfügung zu stellen. Deshalb werden die Spannungen in der Gesellschaft unvermeidlich größer. Auch aus diesem Grunde ist eine Kontrolle des Zugangs unvermeidlich.

Zehntausende von Polen könnte man heute wieder in die Heimat zurückschicken, weil sie nicht mehr politisch verfolgt sind. Nur im Falle griechischer Asylanten, die vor Jahren dem Obristenregime entflohen, wurde in diesem Sinne verfahren. Die Tatsache, daß Asyl bei uns in der Praxis zeitlos unbefristet gewährt wird, liegt einerseits an den langen Verfahren, die es unmenschlich erscheinen ließen, diese Personen nach Jahren auszuweisen. Andererseits sind manche die Menschenrechte verletzende Regime erstaunlich langlebig. Dennoch sollte auf den *temporären Charakter der Asylgewährung* nicht verzichtet werden. Wenn es auch keine generellen Lösungen für diese Frage gibt, so sollte doch von Fall zu Fall von dieser Möglichkeit Gebrauch gemacht werden. Der heutige Asylbewerber wird jedenfalls nach Fortfall der Fluchtgründe im Regelfall nicht freiwillig in sein Land zurückkehren. Deshalb muß sich das Aufnahmeland die nötige Flexibilität bewahren, Asylanten bei Fortfall der Fluchtgründe auszuweisen – wie es das Ausländerrecht auf dem Papier heute schon möglich macht.

Im Sommer 1992 hat der Bundestag abermals ein Gesetz zur Beschleunigung der Asylverfahren beschlossen. Erstmals war bei den Parteien der Wille erkennbar, das Problem gemeinsam anzugehen. Das läßt hoffen. Denn dieses Gesetz kann und wird nicht das letzte Wort zur Sache sein. Vielmehr muß man jetzt endlich konsequent handeln! Zehn Jahre Verspätung sind genug. Für diese Verspätung tragen alle Parteien ihre Verantwortung. Die einen mehr, die anderen weniger. Verantwortung tragen auch jene Kommentatoren, die den Politikern immer wieder ein falsches Bild von der Wirklichkeit vermittelten. Es war auch die Rücksichtnahme auf die veröffentlichte Meinung – was etwas anderes ist als die »öffentliche Meinung« –, die ängstliche Politiker zu falschen Einschätzungen und Entscheidungen brachte. Journalisten können schließlich viel leichter nach dem Grundsatz handeln: Was kümmert mich mein dummes Geschwätz von gestern. Für sie selbst, die Kontrolleure der Politik, gibt es so gut wie keine Kontrolle.

Noch in der zweiten Hälfte der achtziger Jahre suchten die meisten politischen Kommentatoren mit Erfolg eine Grundgesetzänderung zu verhindern. Jens Feddersen stellte 1986 in der *Neuen Ruhr/Neuen Rheinzeitung* fest: »Wer heute den Paragraph 16 streichen oder ändern will, drückt sich vor deutscher Geschichte und Verantwortung. Das garantierte Recht auf politisches Asyl ist das Gütezeichen eines freien Staates.«[175] In der *Frankfurter Neuen Presse* hieß es: »So gesehen wäre es töricht, wenn ein Staat wie die Bundesrepublik per Verfassungsänderung ein weltweites Problem steuern wollte.«[176] Und noch im Januar 1989 schrieb Heribert Prantl in der *Süddeutschen Zeitung*: »Die Angriffe auf das Asylrecht sind deshalb nichts anderes als ein Trick. Natürlich kann man damit weiter politisch hantieren. Nur der Schaden für die politische Kultur und das Ansehen der Bundesrepublik wäre unabsehbar.«[177]

Möglicherweise werden dieselben Journalisten bald den Politikern vorwerfen, sie hätten ein Jahrzehnt lang den politischen Willen der Bürger ignoriert. Tatsächlich hat der immer lauter werdende Unmut der Bevölkerung die Politik nicht dazu bewegen können, das Notwendige zu tun. Der Prozeß, der zu einer Veränderung der Haltung bei den Parteien führte, hat lange gedauert, teilweise dauert er noch an. Besonders linksliberale Politiker sind zu Rückzugsgefechten gezwungen. Nachdem die FDP ihre Kehrtwende in der Asylpolitik endlich vollzogen hat, fällt der SPD nun die Schlüsselrolle zu.

Die von den Parteien in den vergangenen Jahren demonstrierte Entscheidungsunfähigkeit hat großen Schaden verursacht. Handlungsfähigkeit und Glaubwürdigkeit der Politik sind leichtfertig aufs Spiel gesetzt worden. Das Asylthema hat mehr als jedes andere Problem dazu beigetragen, daß die Politik in Mißkredit kam. Jeder kleine Schritt in der Asylpolitik ist während der letzten zehn Jahre zögernd und zaghaft unternommen worden. Bei jedem Schritt wußte man, daß er die Lösung nicht bringen würde. Auch die gemeinsame Verabschiedung der achten Neufassung des Asylverfahrensgesetzes im Juni 1992 ist ein solcher Schritt. Die Grundgesetzänderung ist unvermeidbar. Der Gesetzgeber hat das Recht, den Artikel 16 zu ändern oder zu streichen. Schon im Jahr 1985 hatte das Bundesverfassungsgericht festgestellt, daß es dem verfassungsändernden Gesetzgeber freistehe, »die Verfassungsvorschrift des Artikels 16 Absatz 2 Satz 2 Grundgesetz gemäß Artikel 79 Absatz 1 und 2 Grundgesetz zu ändern«.[178]

Diese Änderung könnte auch eine Streichung sein. Im Unterschied zum einfachen Gesetzgeber und zur Exekutive ist der verfassungsändernde Gesetzgeber (per Zweidrittelmehrheit im Bundestag) auch nicht an die »Wesengehaltsgarantie« etwa des Artikels 19 gebunden. Die Wesengehaltsgarantie gewährleistet *nicht* den Fortbestand aller Grundrechte. Der verfassungsändernde Gesetzgeber, der Artikel 16 streicht, verstößt auch nicht gegen die sogenannte Ewigkeitsklausel des Artikels 79. Dort heißt es: »Eine Änderung dieses Grundgesetzes, durch welche die Gliederung des Bundes in Länder, die grundsätzliche Mitwirkung der Länder bei der Gesetzgebung oder die in den Artikeln 1 und 20 niedergelegten Grundsätze berührt werden, ist unzulässig.« Mit der Nennung dieser beiden Artikel wird im Umkehrschluß der Artikel 16 zur Disposition des Grundgesetzgebers – auch im Sinne einer ersatzlosen Streichung – gestellt.

Selbstverständlich bleibt die Genfer Flüchtlingskonvention als notwendige und ausreichende Verpflichtung für die Bundesrepublik erhalten. Damit würde Deutschland eine den anderen EG-Staaten vergleichbare Regelung behalten. Als Ausgleich könnte im Artikel 25 des Grundgesetzes (Völkerrecht als Bestandteil des Bundesrechts) durch ein verfassungsänderndes Gesetz »insbesondere auf die völkerrechtlichen Vereinbarungen über die Rechtsstellung der Flüchtlinge« hingewiesen werden. Damit würde das Flüchtlingsrecht in eine gerichtlich nicht einklagbare Institutsgarantie umgewandelt und gleichzeitig als verfassungsrechtlich verbindlicher Teil des Völkerrechts abgesichert. Es gäbe keinerlei Gründe, die Bundesrepublik Deutschland wegen einer restriktiven Flüchtlingspolitik zu kritisieren. Sie würde sich vielmehr in die Asylpraxis anderer Länder einordnen und damit die Voraussetzungen für eine Harmonisierung des Flüchtlingsrechts bieten.

Nun wird immer wieder argumentiert, weder eine Verbesserung des Verfahrensrechts noch eine Änderung des Grundgesetzes könne letztendlich eine wirkliche Entlastung bringen. Auch Entwicklungshilfe vor Ort sei dazu nicht in der Lage. Letztendlich sei es der einzig realistische Weg, das eigene Volk und die anderen Europäer auf eine Völkerwanderung großen Stils vorzubereiten. Richtig ist, daß der Bevölkerungsdruck auch nach einer Grundgesetzänderung nicht nachlassen wird. Richtig ist auch, daß Wanderungen die Probleme nicht wirklich lösen. Das Ziel heißt nicht Beendigung jeder Wanderung, sondern Kontrolle des Zugangs, um den sozialen Frieden zu bewahren. Das Ziel heißt auch, Deutschland im Hinblick auf ein harmonisiertes Asylrecht durch Grundgesetzänderung europafähig zu machen, damit die Lasten gerecht verteilt werden. Wer Fatalismus als Lösung verkaufen und die Untätigkeit zur Maxime erheben will, der soll das den Wählern deutlich sagen. Solange fast zwei Drittel der Asylbewerber in Europa nach Deutschland kommen, besteht ein Handlungsbedarf und eine Erfolgsaussicht. Wenn die Politik will, ist auch dieses Problem in dem Maße zu lösen, das für die Erhaltung des inneren Friedens erforderlich ist. Was bisher fehlte, war vor allem der politische Wille. Natürlich ist dort nicht immer ein Weg, wo ein Wille ist. Aber wo kein Wille ist, wird es bestimmt keinen Weg geben.

Entgegen primitiven Propagandabehauptungen geht es keineswegs darum, alle Ausländer aus Deutschland auszuweisen. Selbst rechte Parteien wie die Republikaner oder die DVU vertreten ja keineswegs die Parole »Ausländer raus!«. Mit Rechenexempeln nach dem Motto »Was wäre wenn« versucht man immer wieder von der eigentlichen Problematik abzulenken. Wenig hilfreich für eine sachliche Diskussion sind auch Parolen wie »Fast alle Menschen sind Ausländer«, die auf Plakaten, Aufklebern und in Anzeigen verbreitet werden. Was sollen derartige Banalitäten? Sie sollen ablenken und das Problem durch die Verlagerung auf eine andere Ebene unlösbar erscheinen lassen. Wenn fast alle Menschen Ausländer sind, dann ändert das nichts an der Tatsache, daß ein Deutscher in der Türkei oder in Ghana ein Fremder ist. Nation und Heimat bleiben relevante Kategorien der Politik. Wer wie die Grünen-Alternativen alle Tore für eine Masseneinwanderung öffnen will, der nimmt in Kauf, daß man den Deutschen die Heimat nimmt und daß es Deutschland eines Tages nicht mehr geben wird. Weil die Deutschen das ebensowenig wollen wie Franzosen, Engländer und andere, muß das mißbrauchte Recht der Wirklichkeit angepaßt werden. Heimat kann man nicht nur durch Vertreibung verlieren, sondern auch durch Masseneinwanderung. Und ein Recht auf Heimat haben die Deutschen ebenso wie andere Völker.

Oft heißt es, das Boot sei nun voll. Ebensooft wird dem widersprochen. Natürlich gibt es keine objektiven Kriterien, die geeignet wären, diese Frage zu beantworten. Als Indikatoren könnte man die Belastung des Arbeitsmarktes, das Wohnungsproblem, die Bevölkerungsdichte im Zusammenhang mit der Umweltbelastung, die entstehenden Kosten und anderes mehr heranziehen. Auch Zahlenrelationen haben ihre Relevanz. Manchmal hieß es, die kritische Grenze sei bei einem Ausländeranteil von zehn Prozent erreicht. Dies ist zwar insgesamt noch nicht der Fall, in Ballungsräumen wird diese Marke jedoch schon erheblich überschritten. Aber auch solche Zahlenrelationen haben nur einen bedingten Aussagewert. Denn es kommt auch auf die kulturelle Nähe oder Distanz der Zuwanderer an. 10 Prozent Türken in Berlin oder 10 Prozent Ghanaer in einem bayerischen Dorf sind problematischer als 10 Prozent EG-Ausländer.

Entscheidend bleibt die Selbsteinschätzung der deutschen Bevölkerung. Dies gilt letztendlich auch für die Frage, ob Deutschland ein Einwanderungsland ist oder nicht. Man kann feststellen, wie groß der Bevölkerungsanteil eines Landes ist, der im Ausland geboren wurde, um die Frage zu klären, ob es sich um ein Einwanderungsland handelt. Oder man kann die Zahl der Ausländer im Lande mit der Zahl der alteingesessenen Bevölkerung vergleichen. Nach solchen Maßstäben aber wären Liechtenstein, Monaco und der Vatikan als Einwanderungsländer zu bezeichnen – ein Etikett, gegen das sich diese Staaten sträuben dürften. Denn am Ende kommt es vor allem darauf an, ob eine Nation Einwanderungsland sein will oder nicht.

Alle Umfragen belegen, daß die überwältigende Mehrheit der Deutschen ihr Land nicht als Einwanderungsland verstanden wissen will. Projekte einer »multikulturellen Gesellschaft«, die auf dem Umweg der Asylpolitik verwirklicht werden sollen, finden nicht die Zustimmung der Bevölkerung. Es handelt sich um eine Utopie, deren Verwirklichung ähnlich fatale Folgen haben müßte wie das gescheiterte sozialistische Experiment. Deutschland steht an einer entscheidenden Wendemarke: Entweder kommt es zu einer durchgreifenden Änderung der Asyl- und Ausländerpolitik, oder es stehen schwerste Erschütterungen des sozialen, wirtschaftlichen oder letztlich auch des politischen Systems der Bundesrepublik bevor.

Die Entwicklung der Asyl- und Ausländerpolitik in Deutschland macht die Frage unvermeidlich, ob wirklich alles so kommen mußte, wie es kam, bevor die Politiker schließlich Handlungszwang verspürten. Tatsächlich war die Entwicklung der Asylmisere vorhersehbar. Und doch blieb die Politik angemessene Antworten schuldig. Warum konnten die Einsichten so lange nicht umgesetzt werden? Warum wurde das Notwendige nicht geleistet? Die Erkenntnis, daß die Politik allzuoft erst handelt, wenn es gar nicht mehr anders geht, der Schaden groß und der Druck der Ereignisse unabweisbar geworden ist, stimmt traurig. Schließlich wurde durch solche Unfähigkeit die Erkenntnis vermittelt, daß kluges und vorausschauendes Handeln, welches Konflikte und »kleine Katastrophen« vermeidet, nicht möglich ist. Der Bundespräsident stellt kürzlich fest, es sei schwer, »Einsichten der Vernunft politisch durchzusetzen«.[179] Schließlich seien es die Probleme selbst, die sich den Fortschritt erzwängen: »Manchmal gelingt dies nur mit Hilfe kleinerer Katastrophen, über die man dann im nachhinein froh sein kann, weil sie es sind, die uns rechtzeitig die Augen öffnen und dadurch vor großen Katastrophen bewahren.«

Die von Weizsäcker apostrophierte Notwendigkeit kleinerer Katastrophen wird das Bild der Politik und der Politiker kaum verbessern. Es bleibt die Frage, wer oder was Politiker daran hindert, das Richtige und Notwendige rechtzeitig zu tun. Die Mehrheit der Bevölkerung kann es im Falle des Asylproblems nicht sein. Ist es die Opposition? Ist es die veröffentlichte Meinung? Wenn es so wäre, würde damit die Frage nach der Aktionsfähigkeit unseres politischen Systems aufgeworfen.

# Anmerkungen

1 Deutscher Verwaltungsrichtertag 1983, Berlin, 5. April 1983. Auszug aus dem Redeprotokoll des Autors.

2 Das zuletzt am 9. Juli 1990 neugefaßte Ausländergesetz ist nicht mit dem Asylverfahrensgesetz zu verwechseln; beide greifen in juristischer Hinsicht beim Aufenthalt von Asylbewerbern in Deutschland ineinander. Während das Asylverfahrensgesetz die einzelnen Abläufe des Asylverfahrens regelt, läßt sich das Ausländergesetz allgemein über Einreise und Aufenthalt von Ausländern im Bundesgebiet aus.

3 Die Anerkennungsquote des Bundesamtes für Asyl schwankte in den vergangenen Jahren zwischen vier und acht Prozent. Ungefähr noch einmal die Hälfte kommt durch gerichtliche Anerkennungen hinzu.

4 »Organisation des Geldverbrennens« formulierte der Münchner Kreisverwaltungsreferent Uhl. Er ist zuständig für die Verteilung und Unterbringung von Asylbewerbern in der bayerischen Landeshauptstadt und dürfte wissen, wovon er redet. (Peter Schmalz, Münchens OB will das Wehr gegen Asylanten schließen, in: *Die Welt* v. 6. 3. 1992.)

5 »Von dem spärlichen Taschengeld, das sie erhalten, sparen einzelne noch genug, um nach Jahren mit einem Auto nach Hause zurückzukehren. Den Wagen nutzen sie als Taxi, stolz das ›D‹-Schild ans Heck geklebt.« (Claus Peter Müller, Zwischen Empörung und Dankbarkeit, in: *Frankfurter Allgemeine Zeitung* v. 21. 1. 1992.)

6 Helmut Quaritsch, Recht auf Asyl: Studien zu einem mißdeuteten Grundrecht, Berlin 1985.

7 Wolfgang Zeidler, Asylgewährung in Deutschland: Versuche einer Standortbeschreibung, in: *Zeitschrift für Ausländerrecht* 2/1983, S. 54.

8 Alle Umfrageergebnisse zitiert nach: Bernd Krekeler, Demoskopische Untersuchungen zum Thema »Ausländer/Asyl«, Deutscher Bundestag, Bonn 1992 (Pflichtexemplare hinterlegt bei: Deutsche Bibiliothek Frankfurt, Universitäts-Zentralbibliothek der Friedrich-Wilhelms-Universität Bonn und Bibliothek des Deutschen Bundestags), S. 1 ff.

9 1988 – schwarzes Jahr für CDU/CSU und Grüne, in: *Der Spiegel* v. 26. 12. 1988, S. 42 ff.

10 Übersetzt aus: N. W. Stephenson, Lincoln »Autobiography«, Indianapolis 1926, S. 159.

11 Noch ein Jahr zuvor hielt Teufel nichts von einer Grundgesetzänderung, deshalb mag seine Kehrtwende für viele Wähler wenig überzeugend gewesen sein. 1991 hatte er gesagt, er wolle nicht »die Haltung in Grundsatzfragen nach den Ergebnissen der letzten Wahlen ausrichten«. (Zitiert bei: Reiner Frenkel, Einer, der glaubt, was er sagt, in: *Die Zeit* v. 3. 3. 1992.)

12 Quaritsch (Anm. 6), S. 37.
13 Jürgen Dittberner, Asylpolitik und Parlament: Der Fall Berlin, in: *Zeitschrift für Parlamentsfragen* 2/86, S. 168.
14 In: *Welt am Sonntag* v. 10. 11. 1991.
15 Asylanten: Geben die Städte auf? In: *Kommunalpolitische Blätter*, August 1980, S. 801.
16 Ebenda, S. 803.
17 Diese Praxis wurde 1992 sogar von der Rechtsprechung als nicht konform mit Artikel 16 des Grundgesetzes verworfen.
18 In: *Berliner Liberale Zeitung* v. 21. 9. 1988.
19 Eine Kopie des »10. 4. 1986« datierten Briefes liegt dem Autor vor.
20 ARD, »Tagesthemen« v. 15. 6. 1992.
21 Unmut für die Politiker-Kaste steigt rapide, in: *Süddeutsche Zeitung* v. 12. 6. 1992.
22 Norbert Kostede, »Offene Grenzen«, in: *Die Zeit* v. 22. 5. 1992.
23 Beschluß der 14. Ordentlichen Bundesversammlung der GRÜNEN, Berlin, 16. Mai 1992. Der Titel des Beschlusses lautet: »Farbe bekennen – Gegen Rassismus und Fremdenhaß – Für eine humane Flüchtlingspolitik und Einwanderungspolitik!« Die folgenden Zitate sind Auszüge aus dem Beschluß.
24 Ebenda.
25 Kostede (Anm. 21).
26 Hans-Martin Tillack, Inländerfeinde, in: *die tageszeitung* v. 7. 11. 1991.
27 Vgl. Rainer Zitelmann, Wiedervereinigung und deutscher Selbsthaß, in: *Deutschland-Archiv* 25 (1992), S. 811–819.
28 Ebenda, S. 819.
29 Stiftung für Christlich-Soziale Politik und Bildung: Diskussionspapier: Christlich-soziale Position für eine rationale und ethisch verantwortbare Asylpolitik, Bonn, April 1987.
30 DDP-Meldung v. 5. 10. 1985.
31 AP-Meldung v. 23. 7. 1986.
32 DDP-Meldung v. 29. 8. 1986.
33 Vgl. *Berliner Liberale Zeitung* v. 21. 9. 1988.
34 In: *Der Tagesspiegel* v. 5. 8. 1990.
35 Bundesinnenminister Dr. Wolfgang Schäuble: Vorschlag zur Ergänzung der Artikel 16 (Asylrecht) und 24 (Zwischenstaatliche Einrichtungen) Grundgesetz, Bonn 11. 10. 1991, Papier des BMI. Ein entsprechender CDU/CSU-Gesetzesentwurf folgte am 18. 2. 1992 (Bundestagsdrucksache 12/2112). Die Ergänzung von Artikel 24 ist aus Sicht der Bundesregierung nötig, um den europäischen Asylabkommen (Schengen, Dublin) beitreten zu können.
36 Günther Bannas, Langsam verschieben sich Sprachregelungen, in: *Frankfurter Allgemeine Zeitung* v. 7. 3. 1992.

37 In: Pressemitteilung der CDU/CSU-Bundestagsfraktion v. 11. 3. 1992: Argumente – Die SPD und das Asylrecht. Beide Zitate gehen auf dpa-Meldungen zurück.

38 Mehrheit der Deutschen will Asylrecht ändern, in: *Kölnische Rundschau* v. 14. 11. 1991.

39 SPD öffnet sich bei Asyl für Grundgesetzänderung, in: *Die Welt* v. 13. 3. 1992.

40 Ebenda. Wiedergegeben ist ein Zitat des stellvertretenden FDP-Bundesvorsitzenden Wolfgang Gerhardt.

41 Sorgen der Bürger, in: *Frankfurter Allgemeine Zeitung* v. 7. 4. 1992. Quelle: Allensbach.

42 In Baden-Württemberg ist alles noch offen, in: *Frankfurter Allgemeine Zeitung* v. 2. 4. 1992.

43 Zwei Drittel mit Parteien beim Asyl unzufrieden, in: *Welt am Sonntag* v. 16. 3. 1992.

44 Die Union verzichtet auf eine Abstimmung noch vor dem 5. April, in: *Frankfurter Allgemeine Zeitung* v. 25. 1. 1992.

45 »Ich bitte zu sehen, daß Versäumnisse heute morgen Gefährdungen des inneren Friedens bedeuten können.« Deutscher Bundestag, 9. Wahlperiode, 101. Sitzung am 14. 5. 1982, Stenographischer Bericht, S. 6108.

46 Unter einer Altfallregelung versteht man eine Regelung für abgelehnte, nichtabgeschobene Asylbewerber, die schon so viele Jahre in der Bundesrepublik leben, daß eine Verrechtlichung ihres Aufenthalts geboten erscheint.

47 Entscheidungen des Bundesverfassungsgerichts (BVerfGE), Bd. 49, S. 168 ff. und Entscheidungen des Bundesverwaltungsgerichts (BVerwGE), Bd. 59, S. 104, zitiert bei: Peter Knoesel/Werner Teubner, Ausländerrecht in Deutschland. Gesetzestexte mit Erläuterungen AuslG, AsylVfG, AufenthG, EWG, AFG, AEVO, Münster 1991, S. 73.

48 Erstmals ist im Ausländergesetz die Aufenthaltsverfestigung von De-facto-Flüchtlingen vorgesehen (§ 35).

49 Dagmar Blesel, »Mit Gewalt konnten wir nicht rechnen«, in: *Bonner General-Anzeiger* v. 7. 4. 1992.

50 Paragraph 16 Asylverfahrensgesetz (»Widerruf und Rücknahme«) alter Fassung. Das neue Aslyverfahrensgesetz sieht ein gewisses Entgegenkommen dem Asylanten gegenüber vor: Ihm wird danach die beabsichtigte Entscheidung des Bundesamtes (Widerruf) zunächst schriftlich mitgeteilt, worauf er sich dazu äußern kann.

51 Mündliche Auskunft des Asylreferats im Bundesinnenministerium vom 15. April 1992.

52 Arno Kloesel, Rudolf Christ, Deutsches Ausländerrecht. Kommentar zum Ausländergesetz und zu den wichtigsten ausländerrechtlichen Vorschriften, Stuttgart u. a. 1992, Einleitung Randnummer 13 ff. Im einzelnen vgl. Bundestagsdrucksache 11/6321, S. 40 f.

53 Aufhebung der Ostblockbeschlüsse, in: *Informationsbrief Ausländerrecht* 1989, S. 223.
54 Vgl. Hans-Ernst Folz/Jutta Kremer, Abschiebung nach langfristig geduldetem Aufenthalt? – Am Beispiel der Ostblockflüchtlinge, in: *Zeitschrift für Ausländerrecht und Ausländerpolitik* 4/1990, S. 172. Die Autoren kommen übrigens zu dem Schluß, daß die Übergangsvorschriften der IMK allesamt nicht den »verfassungsrechtlichen Anforderungen« entsprechen und also auch dem betroffenen Personenkreis ein Daueraufenthaltsrecht zugebilligt werden solle.
55 Zitiert aus einer Internen Weisung des Berliner Senatoren für Inneres, Erich Pätzold (SPD), an das Landeseinwohneramt Berlin v. 20. 6. 1989 und 7. 12. 1989. Die Weisung vom 20. 6. 1989 ist veröffentlicht in: *Informationsbrief Ausländerrecht* 1989, S. 224.
56 Ebenda.
57 Aufenthaltssicherung für fast viertausend Asylbewerber, in: *Frankfurter Allgemeine Zeitung* v. 12. 7. 1988.
58 Unabhängig davon kann sich jeder abzuschiebende Ausländer auf eine vorhandene »individuelle Gefahr« nach Paragraph 53, Absatz 6 berufen (»erhebliche Gefahr für Leib, Leben und Freiheit«).
59 FDP-Bundestagsfraktion: Tagesdienst, 18. 3. 1992, Nr. 304.
60 So in einem Interview der *Nordwest-Zeitung* v. 25. 3. 1992.
61 Union, FDP und SPD wollen das Asylgesetz gemeinsam durchbringen, in: *Frankfurter Allgemeine Zeitung* v. 21. 2. 1992.
62 Ebenda.
63 Presseinformation 60/92 des Niedersächsischen Innenministeriums v. 9. 3. 1992.
64 Ebenda.
65 Bürgerschaft der Freien und Hansestadt Hamburg, Drucksache 13/7672, S. 7.
66 Ebenda.
67 Statistical Abstract of the United States 1991, Washington 1991, S. 9.
68 Statistisches Bundesamt (Hg.), Statistisches Jahrbuch 1988 für die Bundesrepublik Deutschland, Stuttgart/Mainz 1988, S. 82. Von der Zahl der Zuzüge sind die Fortzüge bereits abgezogen.
69 Sonst würde eine Doppelzählung mit den Ausländern entstehen, die laut Statistik »über die Grenzen des Bundesgebietes« wanderten; die Statistik enthält keine Angaben über die Herkunft und Einreiseart des Ausländers, sondern zählt lediglich die Zahl der neuangemeldeten Hauptwohnsitze.
70 Statistisches Bundesamt (Hg.), Statistisches Jahrbuch 1990 für die Bundesrepublik Deutschland, Stuttgart/Mainz 1990, S. 73.
71 Auskunft des Statistischen Bundesamtes v. 24. 4. 1992; die Zahlen für 1991 werden erst im Statistischen Jahrbuch 1993 veröffentlicht.
72 Overseas Information Branch, Foreign Affairs and Trade: Fact Sheet on Au-

stralia, Canberra, September 1991. Die Angaben beziehen sich nicht auf Kalenderjahre, sondern auf halbe Doppeljahre: 1985/86, 1986/87 etc. Beim Vergleich mit deutschen und amerikanischen Zahlen ist hier der Mittelwert zwischen dem deutschen/amerikanischen Vergleichsjahr und dem darauffolgenden Jahr angegeben. Die genauen Zahlen für 1985/86: 92100 Einwanderer; 1986/87: 113300 Einwanderer; 1987/88: 133800 Einwanderer; 1988/89: 136400 Einwanderer; 1989/90: 132500 Einwanderer; 1990/91 (geplant): 126000 Einwanderer. Die Zahl der Flüchtlinge in diesem Zeitraum bewegt sich zwischen 12000 (1985/86) und 11000 (geplantes Kontingent für 1990/91).

73 Die Angaben zu Kanada stammen von der kanadischen Botschaft in Bonn.

74 Heiner Geißler, Wir sind ein Einwanderungsland, in: *Die Zeit* v. 15. 11. 1991.

75 Interview mit dem Verhaltensforscher Irenäus Eibl-Eibesfeldt, in: *Hannoversche Allgemeine Zeitung* v. 11. 4. 1992.

76 Jonas Widgren: Konkurrenz zwischen Süd-Nord- und Ost-West-Migration, Walbergkonferenz, 27.–29. September 1990. Zitiert bei Jan Werner: Die Invasion der Armen. Asylanten und illegale Einwanderer, Mainz 1992, S. 96f.

77 So in einem Interview mit Burkhard Hirsch, in: *Nord-West-Zeitung* v. 25. 3. 1992. Geißler läßt uns mit dem Untergang unserer Sozialsysteme meist noch etwas länger Zeit, bis zum Jahr 2020 oder 2030. Vgl. Heiner Geißler (Anm. 74).

78 Union, FDP und SPD wollen das Asylgesetz gemeinsam durchbringen, in: *Frankfurter Allgemeine Zeitung* v. 21. 2. 1992.

79 Ebenda.

80 So der niedersächsische Ministerpräsident Schröder während des großen Kehrtmanövers der SPD hin zu einer Grundgesetzänderung von Artikel 16: Im Asylstreit lenkt Schröder ein, in: *Die Welt* v. 27. 4. 1992.

81 Beschluß des Bundesverwaltungsgerichts v. 14. 4. 1992 (BVerwG 1 C 48.89/OVG 1/A 1830/88).

82 Deutsche Gesellschaft für die Vereinten Nationen e. V., Weltbevölkerungsbericht 1992, Bonn 1992, S. 24.

83 Bundesverfassungsgericht, Beschluß vom 2. Juli 1980, in: Entscheidungen des Bundesverfassungsgerichts (BVerfGE), Bd. 54, S. 341ff.

84 Vgl. Otto Kimminich: Asylgewährung als Rechtsproblem, in: *Aus Politik und Zeitgeschichte,* Beilage zur Wochenzeitung *Das Parlament,* B 9, 1992, S. 3–12.

85 Das Asylrecht in der Bundesrepublik Deutschland. Von Asylanerkennung bis zur deutschen Staatsangehörigkeit. Schriftenreihe Freie Gesellschaft zur Förderung der Freundschaft mit den Völkern der Tschechoslowakei e. V., München 1986, H. 12, S. 7.

86 Vgl. *Le Monde* v. 23. 5. 1990.

87 Mehr Asylgesuche bei beschleunigten Verfahren, in: *Neue Zürcher Zeitung* v. 3. 2. 1992.

88 Bundestagsdrucksache 12/2112 v. 18. 2. 1992.

89 Bundesratsdrucksache 175/90 v. 1. 3. 1990.

90 Peter Schmalz, Münchens OB will das Wehr gegen Asylanten schließen, in: *Die Welt* v. 6. 3. 1992.

91 RTL-Aktuell v. 2. 6. 1992.

92 Kay Hailbronner, Wenn immer mehr kommen, in: *Frankfurter Allgemeine Zeitung* v. 21. 4. 1992.

93 Artikel 131, Absatz 1 des Schengener Abkommens besagt: »Im Hinblick auf die Anwendung dieses Übereinkommens richten die Vertragsparteien einen Exekutivausschuß ein.« Bundesratsdrucksache 121/92 v. 21. 2. 1992, S. 80.

94 Decreto-legge Nr. 39 v. 28. 2. 1990, Artikel 1, in: *Gazzetta ufficiale* Nr. 49 v. 28. 2. 1990.

95 Österreich hat etwa 7,5 Millionen Einwohner. Umgerechnet auf die deutsche Bevölkerungszahl entspräche die österreichische Asylbewerberzahl ca. 280 000 Asylbewerbern in Deutschland (also etwa 25 000 mehr, als die Bundesrepublik 1991 aufnahm).

96 Bericht von AFP am 23. 4. 1992.

97 Bundesratsdrucksache 121/92, S. 27.

98 Kaum jemand sagt beim Thema Asyl die Wahrheit, in: *Der Teckbote* v. 27. 3. 1992.

99 Bericht erstellt im Namen des aufgrund einer Entschließung des Senats vom 26. Juni 1991 einberufenen und mit der Untersuchung des Aufbaus und der Erledigung der Durchführungsvereinbarung des Schengener Abkommens vom 14. Juni 1985 beauftragten Kontrollausschusses (1), 11. 12. 1991. Vorsitzender: Paul Masson; Berichterstatter: Xavier de Villepin, Paris 1991.

100 Folgende Zitate aus: Quaritsch (Anm. 6), S. 14.

101 Ein konfliktfreies Zusammenleben verschiedener Ethnien in einem Staat ist meist nur dann möglich, wenn jede Volksgruppe ihr eigenes Gebiet hat, auf dem sie von Bevormundung durch eine andere Volkgsgruppe frei ist. Dies ist in der Schweiz der Fall, im – mittlerweile untergegangenen – Jugoslawien war es anders, die Serben versuchten, die anderen Volksgruppen zu dominieren. Vgl. Eibl-Eibesfeldt (Anm. 75).

102 Irenäus Eibl-Eibesfeldt, Chancen einer multiethnischen Gesellschaft aus der Sicht eines Ethnologen, in: *Welt am Sonntag* v. 10. 12. 1989.

103 Jürgen Schilling, Multikulturelle Gesellschaft oder Repatriierung? in: *Paneuropa* IV, 1982, S. 24.

104 So Rainer Geißler und Norbert Marißen in dem Beitrag »Kriminalität und Kriminalisierung junger Ausländer. Die tickende soziale Zeitbombe – ein Artefakt der Kriminalstatistik«, in: *Kölner Zeitung für Soziologie und Sozialpsychologie*, H. 4, Jg. 42, 1990, S. 663–687, hier S. 668.

105 Detlef Bischoff, Werner Teubner, Zwischen Einbürgerung und Rückkehr. Ausländerpolitik und Ausländerrecht der Bundesrepublik Deutschland, Berlin 1990, S. 163.

106 Vgl. Polizeiliche Kriminalstatistik Bundesrepublik Deutschland, hg. vom Bundeskriminalamt, Jahr 1990, Bonn 1991; Polizeiliche Kriminalstatistik Bundesrepublik Deutschland, hg. vom Bundeskriminalamt, Jahr 1991, Bonn 1992.

107 Illegale Einfuhr von Kokain (über die Außengrenze) wird von dem Delikt Kokainhandel/-besitz unterschieden.

108 Kriminalstatistik, Jahr 1991 (Anm. 106)

109 In: *Der Kriminalist*, Nr. 1, Jahrgang 22, Januar 1990, S. 10.

110 Beide aus: *Berliner Morgenpost* v. 15. 6. 1992, S. 13.

111 Kriminalstatistik, Jahr 1991 (Anm. 106) und schriftliche Auskunft des Statistischen Bundesamtes vom 3. 6. 1992. Die Durchschnittswerte errechnen sich als das arithmetische Mittel der hier Anwesenden am 31. 12. 1990 und 31. 12. 1991. Die Prozentsätze dürfen freilich wegen Mehrfachtäterschaften und wegen illegal anwesender Straftäter nicht direkt als Bevölkerungsanteile verstanden werden.

112 Kriminalstatistik, Jahr 1990 (Anm. 106).

113 Eine Kopie des »04. 1992« datierten Briefes liegt dem Autor vor.

114 Kriminalstatistik 1991 (Anm. 106).

115 Vgl. *Die Welt* v. 14. 5. 1992.

116 Vgl. Werner (Anm. 76), S. 106.

117 *Handelsblatt* v. 5. 12. 1991.

118 Vgl. Verfassungsschutzbericht 1990, hg. vom Bundesministerium des Innern, Bonn 1991, S. 146.

119 Finanzminister: Mit Wohlstand zufrieden sein, in: *Stuttgarter Zeitung* v. 31. 3. 1992.

120 Das Wohngeld wird zur Hälfte vom Land und zur Hälfte vom Bund getragen.

121 Es gibt Ausnahmen. Nordrhein-Westfalen erstattet den Kommunen für eine Übergangszeit die Hälfte der Sozialhilfekosten der De-facto-Flüchtlinge.

122 Insbesondere bei der ärztlichen Betreuung von Asylbewerbern verbleiben den Kommunen erhebliche Kosten, die von den Bundesländern nicht ersetzt werden. In Nordrhein-Westfalen etwa waren das 1991 nach Schätzung der Kommunalverbände knapp 50 Millionen Mark.

123 Baden-württembergischer Landtag, Drucksache 10/2425, S. 3.

124 Schweitzer/Streinz, Vergleichende Untersuchung des Asylrechts und der Asylpraxis in der Bundesrepublik Deutschland, im Königreich Dänemark, in der Republik Frankreich, in der Republik Österreich und im Vereinigten Königreich Großbritannien und Nordirland, erstellt im Auftrage des Bayerischen Staatsministeriums des Innern, Juli 1990, S. 206.

125 Ebenda, S. 207.

126 Nach Paragraph 120, Absatz 1 des Bundessozialhilfegesetzes bekommen asylberechtigte Ausländer sogenannte Hilfe zum Lebensunterhalt, die etwas niedriger ist als die Deutschen zustehende Regel-Sozialhilfe; allerdings – kein deutsches Gesetz ohne Härteklausel – können auch Asylanten den vollen Sozialhilfesatz bekommen, »soweit dies im Einzelfall gerechtfertigt ist« (Absatz 1, Satz 2). Während Asylanten *neben* der Hilfe zum Lebensunterhalt auch noch Krankenhilfe, Hilfe für werdende Mütter und Wöchnerinnen und ähnliches zu gewähren ist, haben Asylbewerber lediglich Anspruch auf Hilfe zum Lebensunterhalt. Zumindest im Normalfall, denn Absatz 2, Satz 2 besagt: »Sonstige Sozialhilfe kann gewährt werden.«

127 Ebenda.

128 Bundesratsdrucksache 1/89 v. 5. 1. 1989.

129 Urteilsbegründung v. 26. 9. 1991.

130 Bundesratsdrucksache 364/90 v. 23. 5. 1990.

131 Diethart Goos, Kieler »Zählappell« zur Nachahmung empfohlen, in: *Die Welt* v. 6. 3. 1992.

132 Horst Wisser, Der Zählappell, in: *Kieler Nachrichten* v. 2. 3. 1992.

133 Ergebnis des Spitzengesprächs beim Bundeskanzler zur Asylproblematik am 10. Oktober 1991, Mitteilung des Bundesministeriums des Inneren.

134 Bundestagsdrucksache 12/2062 v. 12. 2. 1992, S. 25.

135 Bemerkungen 1989 des Hessischen Rechnungshofs zur Haushalts- und Wirtschaftsführung Landeshaushalts- und Wirtschaftsführung mit Bemerkungen zu den Landeshaushaltsrechnungen 1987 und 1988, Wiesbaden, S. 62.

136 Ebenda, S. 64.

137 Baden-württembergischer Landtag, Drucksache 10/2425, S. 9.

138 Roswin Finkenzeller, Die Last ungewöhnlicher Zustände. Asylbewerber auf der Wies'n, in: *Frankfurter Allgemeine Zeitung* v. 29. 2. 1992.

139 Ebenda: »Wenn bedürftige Einwohner hören, daß Portionen von einer Qualität, die sie sich selbst nicht jeden Tag leisten können, aus den Fenstern der ›Blumenschule‹ auf die Straße geschmissen werden, haben sie für die Asylpolitik kaum noch Verständnis.«

140 Müller (Anm. 5).

141 Weisung des eidgenössischen Justiz- und Polizeidepartements v. 12. 7. 1991, Abgeltung im Asylbereich, Nr. 4.

142 Ebenda.

143 Mündliche Auskunft des Auswärtigen Amtes v. 15. 4. 1992.

144 Diese Kulanz war womöglich mitverantwortlich für die Zigeuner-Invasion in NRW im Sommer 1990. Schlepperorganisationen transportierten Clans von Sinti und Roma direkt vor die Türen von Sozialämtern im Ruhrgebiet. Vgl. *Der Spiegel* v. 3. 9. 1990.

145 Information der Landesregierung NRW, Pressebulletin 190/3/92 v. 16. 3. 1992.

146 Wolfgang Kuballa, Wir wollen wieder zurück nach Deutschland, in: *Rheinische Post* v. 18. 3. 1992.

147 Pressebulletin (Anm. 145). »Zum 1. März seien zwölf Arbeitsplätze im Baubereich und weitere zwölf Arbeitsplätze im Erschließungsbereich bereitgestellt worden – allerdings habe bislang lediglich ein Roma einen dieser Arbeitsplätze angetreten.«

148 Kuballa (Anm. 146).

149 Ebenda.

150 Vgl. Heinz Verfürth, Teufelskreis der Armut gebrochen, in: *Kölner Stadt-Anzeiger* v. 1. 7. 1992.

151 Staatsminister Clement in einem Pressegespräch am 24. Juli 1991 in der Düsseldorfer Staatskanzlei. Der Wortlaut ist in einer Pressebroschüre der Staatskanzlei wiedergegeben.

152 Pressebulletin (Anm. 145).

153 Auskunft des Bonner Ausländeramtes. Von den im Lauf des Sommers 1990 eingereisten Zigeunern tauchten etwa zwei Drittel nach kurzer Zeit wieder ab, als sie gewahr wurden, daß sie vor allem Sach-, weniger Geldzuwendungen erhalten würden. Einzelne, die sich später wieder einfanden, gaben an, sie seien in Rumänien gewesen, weil »die Oma gestorben ist« und ähnliches.

154 Vgl. Reinhard Marx, Abschiebung von De-facto-Flüchtlingen und rechtliche Handlungsgrenzen, in: *Zeitschrift für Ausländerrecht und Ausländerpolitik* 1991, S. 128. Paragraph 99, Absatz 1 in Verbindung mit Paragraph 34, Absatz 2 des Ausländergesetzes macht's möglich.

155 Helmut Breuer, Fingerabdrücke von Asylbewerbern nehmen, in: *Die Welt* v. 15. 1. 1992.

156 Marx (Anm. 150), S. 129; er verweist auf Bay VGH, B. v. 25. 9. 1987 – Nr. 19 CS 87.30742; OVG Berlin, B. v. 1. 2. 1988 – OVG 4 S 97.87.

157 Mitteilungsblatt des Hohen Flüchtlingskommissars der Vereinten Nationen, Stand 10. 4. 1991, Bonn.

158 Eine Kopie des »Januar 1988« datierten Berichts liegt dem Autor vor.

159 Vgl. *Frankfurter Allgemeine Zeitung* v. 26. 5. 1992.

160 Office of the United Nations High Commissioner for Refugees: UNHCR activities financed by voluntary funds: Report for 1990–91 and proposed programmes and budget for 1992, A/Ac. 96/774 (Part V), 28. 8. 1991, S. 29.

161 Ebenda, S. 18.

162 In einem Zeitungsinterview nannte Geißler die Zahl von »500 Millionen Flüchtlingen und Heimatlosen« (*Bonner General-Anzeiger* v. 13. 4. 1992). Nach dem Motto »Je schlimmer die Welt da draußen, desto weniger Grund zur Beschwerde bei uns« werden die kuriosesten Kategorien erfunden und Zahlen aufgebauscht. Sollten sich – was glücklicherweise nicht zu erwarten

ist – Geißlers Vorstellungen von Einwanderungspolitik in der Bundesrepublik durchsetzen, so darf sich der normale Deutsche alsbald ebenfalls zur Kategorie der »Heimatlosen« zählen. Womit deren Zahl schon wieder gewachsen wäre.

163 Eibl-Eibesfeldt (Anm. 75).

164 Deutscher Bundestag, Wissenschaftliche Dienste, Fachbereich III, Das Verhältnis des Grundrechts auf Asyl zu einer Übertragung von Hoheitsbefugnissen auf die Europäische Gemeinschaft, Bonn, 23. 12. 1988, S. 14ff. (Bearbeiter: Groos).

165 Ebenda, S. 16.

166 Das Gutachten wurde am 29. 6. 1989 für den Autor erstellt.

167 Europäisches Parlament, Generaldirektion Wissenschaft & Dokumentation, Gutachtliche Stellungnahme zur Frage einer Zuständigkeit der Europäischen Gemeinschaft zur Regelung des Asylrechts, Luxemburg, 29. 1. 1986, S. 11.

168 Ebenda.

169 Presse- und Informationsamt der Bundesregierung: Pressemitteilung Nr. 199/89 v. 27. 4. 1989.

170 Eckhard Fuhr, Oberlehrer, in: *Frankfurter Allgemeine Zeitung* v. 14. 5. 1992.

171 CDU/CSU-Fraktion im Deutschen Bundestag, Pressedienst v. 9. 7. 1992.

172 CDU/CSU-Fraktion im Deutschen Bundestag, Pressedienst v. 10. 6. 1992.

173 Deutschlandfunk, »Informationen am Morgen« v. 12. 6. 1992.

174 Wir befinden uns im Augenblick in einem echten Notstand, in: *Die Welt* v. 24. 7. 1986.

175 Jens Feddersen, Die neue Flut, in: *Neue Ruhr/Neue Rheinzeitung* v. 21. 7. 1986.

176 Christoph Schönicke, Mißbrauch droht immer, in: *Frankfurter Neue Presse* v. 21. 8. 1986.

177 Heribert Prantl, Zimmermann weckt Illusionen, in: *Süddeutsche Zeitung* v. 10. 1. 1989.

178 Urteil des Zweiten Senats des Bundesverfassungsgerichts v. 18. 12. 1985. Eine Kopie des Urteils (2 BvR 1289/85) liegt dem Autor vor.

179 Gunter Hofmann/Werner A. Perger, Richard von Weizsäcker im Gespräch mit Gunter Hofmann und Werner A. Perger, Frankfurt am Main 1992, S. 110.

# Anhang

## *Zahl und Anerkennungsquote von Asylberechtigten nach der Geschäftsstatistik des Bundesamtes für die Anerkennung ausländischer Flüchtlinge*

(Quelle: Bundesministerium des Inneren)

| Jahr | Asylbewerber (Zugang) | Asylberechtigte (Entscheidungen des Bundesamtes) | Anerkennungsquote | Abschiebungen im jeweiligen Jahr |
|---|---|---|---|---|
| 1953–1968 | 70425 | 16871 | | |
| 1969 | 11664 | 6097 | | |
| 1970 | 8645 | 3569 | | |
| 1971 | 5388 | 5674 | 57,0% | |
| 1972 | 5289 | 2844 | 39,8% | |
| 1973 | 5595 | 2047 | 33,0% | |
| 1974 | 9424 | 4133 | 32,4% | |
| 1975 | 9627 | 2928 | 22,2% | |
| 1976 | 11123 | 2654 | 18,4% | |
| 1977 | 16410 | 1854 | 10,0% | |
| 1978 | 33136 | 2307 | 10,3% | |
| 1979 | 51493 | 6573 | 16,5% | |
| 1980 | 107818 | 12783 | 12,0% | |
| 1981 | 49391 | 8531 | 7,7% | |
| 1982 | 37423 | 6209 | 6,8% | |
| 1983 | 19737 | 5032 | 13,7% | |
| 1984 | 35278 | 6566 | 26,6% | |
| 1985 | 73832 | 11224 | 29,2% | |
| 1986 | 99650 | 8853 | 15,9% | |
| 1987 | 57379 | 8231 | 9,4% | 2417*) |
| 1988 | 103076 | 7621 | 8,6% | 2793 |
| 1989 | 121318 | 5991 | 5,0% | 3327 |
| 1990 | 193063 | 6518 | 4,4% | 4340 |
| 1991 | 256112 | 11597 | 6,9% | |
| 1992 (bis 30. Juni) | 187455 | | | |
| Summe | 1579751 | 156707 | | |

*) ohne Berlin

## *Herkunftsländer der Asylbewerber*

(Quelle: Bundesministerium des Inneren)

| Jahr | Anzahl der Asylbewerber (insgesamt) | Hauptherkunftsländer bzw. -gruppen (Personen) | |
|---|---|---|---|
| 1979 | 51 493 | Türkei | 18 044 |
| | | Pakistan | 4 671 |
| | | Indien | 3 812 |
| | | Libanon | 2 772 |
| | | Ghana | 1 701 |
| | | Bangladesch | 1 577 |
| | | ČSFR | 1 195 |
| | | Sri Lanka | 1 077 |
| | | Polen | 977 |
| | | Ungarn | 921 |
| 1980 | 107 818 | Türkei | 57 913 |
| | | Pakistan | 6 894 |
| | | Indien | 6 693 |
| | | Afghanistan | 5 466 |
| | | Äthiopien | 3 614 |
| | | Ghana | 2 768 |
| | | Sri Lanka | 2 673 |
| | | Bangladesch | 2 401 |
| | | ČSFR | 2 385 |
| | | Polen | 2 090 |
| 1981 | 49 391 | Polen | 9 901 |
| | | Türkei | 6 302 |
| | | Pakistan | 5 188 |
| | | Afghanistan | 3 601 |
| | | Ghana | 3 378 |
| | | Indien | 3 220 |
| | | Sri Lanka | 2 750 |
| | | Libanon | 2 032 |
| | | ČSFR | 2 000 |
| | | Ungarn | 1 227 |

| Jahr | Anzahl der Asylbewerber (insgesamt) | Hauptherkunftsländer bzw. -gruppen (Personen) | |
|---|---|---|---|
| 1982 | 37 423 | Polen | 6 630 |
| | | Ghana | 4 114 |
| | | Türkei | 3 688 |
| | | Pakistan | 3 099 |
| | | Indien | 2 819 |
| | | ČSFR | 2 110 |
| | | Afghanistan | 2 072 |
| | | Sri Lanka | 1 416 |
| | | Äthiopien | 1 275 |
| | | Libanon | 1 165 |
| 1983 | 19 737 | Sri Lanka | 2 645 |
| | | Polen | 1 949 |
| | | Ghana | 1 611 |
| | | Türkei | 1 548 |
| | | Indien | 1 548 |
| | | ČSFR | 1 400 |
| | | Iran | 1 190 |
| | | Äthiopien | 906 |
| | | Pakistan | 763 |
| | | Libanon | 691 |
| 1984 | 35 278 | Sri Lanka | 8 063 |
| | | Polen | 4 240 |
| | | Türkei | 4 180 |
| | | Ghana | 2 670 |
| | | Iran | 2 658 |
| | | Äthiopien | 2 264 |
| | | Pakistan | 1 587 |
| | | ČSFR | 1 475 |
| | | Libanon | 1 451 |
| | | Afghanistan | 1 198 |
| 1985 | 73 832 | Sri Lanka | 17 380 |
| | | Iran | 8 840 |
| | | Türkei | 7 528 |
| | | Polen | 6 672 |
| | | Libanon | 4 576 |

| Jahr | Anzahl der Asylbewerber (insgesamt) | Hauptherkunftsländer bzw. -gruppen (Personen) | |
|---|---|---|---|
| | | Indien | 4 471 |
| | | Ghana | 3 994 |
| | | Pakistan | 3 240 |
| | | Palästinenser | 2 925 |
| | | Afghanistan | 2 632 |
| 1986 | 99 650 | Iran | 21 700 |
| | | Polen | 1 0918 |
| | | Libanon | 10 840 |
| | | Türkei | 8 693 |
| | | Palästinenser | 8 199 |
| | | Indien | 6 554 |
| | | Ghana | 5 769 |
| | | Sri Lanka | 3 978 |
| | | Pakistan | 3 156 |
| | | Afghanistan | 3 055 |
| 1987 | 57 379 | Polen | 15 194 |
| | | Türkei | 11 426 |
| | | Iran | 6 538 |
| | | Jugoslawien | 4 713 |
| | | Sri Lanka | 2 285 |
| | | Rumänien | 1 964 |
| | | Pakistan | 1 592 |
| | | Afghanistan | 1 586 |
| | | Ungarn | 1 585 |
| | | Tschechoslowakei | 1 516 |
| 1988 | 103 076 | Polen | 29 023 |
| | | Jugoslawien | 20 812 |
| | | Türkei | 14 873 |
| | | Iran | 7 867 |
| | | Libanon | 4 233 |
| | | Sri Lanka | 3 383 |
| | | Rumänien | 2 634 |
| | | Pakistan | 2 390 |
| | | Ungarn | 1 996 |
| | | Palästinenser | 1 705 |

| Jahr | Anzahl der Asylbewerber (insgesamt) | Hauptherkunftsländer bzw. -gruppen (Personen) | |
|---|---|---|---|
| 1989 | 121 318 | Polen | 26 092 |
| | | Türkei | 20 020 |
| | | Jugoslawien | 19 423 |
| | | Sri Lanka | 7 758 |
| | | Libanon | 6 240 |
| | | Iran | 5 768 |
| | | Afghanistan | 3 650 |
| | | Ghana | 3 178 |
| | | Indien | 3 137 |
| | | Rumänien | 3 121 |
| 1990 | 193 063 | Rumänien | 35 345 |
| | | Jugoslawien | 22 114 |
| | | Türkei | 22 082 |
| | | Libanon | 16 229 |
| | | Vietnam | 9 428 |
| | | Polen | 9 155 |
| | | Bulgarien | 8 341 |
| | | Afghanistan | 7 348 |
| | | Iran | 7 271 |
| | | Palästinenser | 5 723 |
| 1991 | 256 112 | Jugoslawien | 74 854 |
| | | Rumänien | 40 504 |
| | | Türkei | 23 877 |
| | | Bulgarien | 12 056 |
| | | Iran | 8 643 |
| | | Nigeria | 8 358 |
| | | Vietnam | 8 133 |
| | | Afghanistan | 7 337 |
| | | Sowjetunion | 5 690 |
| | | Sri Lanka | 5 623 |

## *Wanderungen über die Grenzen des Bundesgebietes*

Saldo der zugezogenen (+) bzw. fortgezogenen (–) Ausländer*)
(Quelle: Bundesministerium des Inneren)

| | Ausländer | | Ausländer |
|---|---|---|---|
| 1950 | – | 1971 | + 370479 |
| 1951 | – | 1972 | + 272716 |
| 1952 | – | 1973 | + 342298 |
| 1953 | – | 1974 | – 39535 |
| 1954 | + 18022 | 1975 | – 233053 |
| 1955 | + 24820 | 1976 | – 127446 |
| 1956 | + 34284 | 1977 | – 28734 |
| 1957 | + 48126 | 1978 | + 50728 |
| 1958 | + 54271 | 1979 | + 179765 |
| 1959 | + 65289 | 1980 | + 246250 |
| 1960 | + 193244 | 1981 | + 86210 |
| 1961 | + 229545 | 1982 | – 111449 |
| 1962 | + 246799 | 1983 | – 148741 |
| 1963 | + 157641 | 1984 | – 213160 |
| 1964 | + 254036 | 1985 | + 32232 |
| 1965 | + 303453 | 1986 | + 131528 |
| 1966 | + 97262 | 1987 | + 139137 |
| 1967 | – 197596 | 1988 | + 289461 |
| 1968 | + 256937 | 1989 | + 332494 |
| 1969 | + 540902 | 1990 | + 375544 |
| 1970 | + 541580 | | |

*) Ausländische Personen, die ihren ersten Wohnsitz in der Bundesrepublik haben. Das können auch Asylanten, De-facto-Flüchtlinge und in Wohnungen untergebrachte Asylbewerber sein.

## *Zuzug von Aussiedlern (Deutschstämmigen aus Osteuropa)*

(Quelle: Bundesministerium des Inneren)

| | |
|---|---|
| 1950–1970: | 679 182 |
| 1971 | 33 637 |
| 1972 | 23 895 |
| 1973 | 23 063 |
| 1974 | 24 507 |
| 1975 | 19 657 |
| 1976 | 44 402 |
| 1977 | 54 251 |
| 1978 | 58 123 |
| 1979 | 54 887 |
| 1980 | 52 071 |
| 1981 | 69 455 |
| 1982 | 48 170 |
| 1983 | 37 925 |
| 1984 | 36 459 |
| 1985 | 38 968 |
| 1986 | 42 788 |
| 1987 | 78 523 |
| 1988 | 202 673 |
| 1989 | 377 055 |
| 1990 | 397 073 |
| 1991 | 221 895 |
| Summe | 2 618 659 |

## *Übersiedler (Deutsche aus der DDR)*

(Quelle: Bundesministerium des Inneren)

| Erfassungszeitraum | Gesamtzahl |
|---|---|
| Kriegsende bis 31. Dezember 1948 | 732 100 |
| 1. Januar 1949 bis 12. August 1961 (Bau der Sperranlage) | 2 686 942 |
| | 3 419 042 |

| Erfassungszeitraum | Übersiedler Gesamtzahl |
|---|---|
| 13. August bis 31. Dezember 1961 | 51 624 |
| 1962 | 21 356 |
| 1963 | 42 632 |
| 1964 | 41 876 |
| 1965 | 29 552 |
| 1966 | 24 131 |
| 1967 | 19 573 |
| 1968 | 16 036 |
| 1969 | 16 975 |
| 1970 | 17 519 |
| 1971 | 17 408 |
| 1972 | 17 164 |
| 1973 | 15 189 |
| 1974 | 13 252 |
| 1975 | 16 285 |
| 1976 | 15 168 |
| 1977 | 12 078 |
| 1978 | 12 117 |
| 1979 | 12 515 |
| 1980 | 12 763 |
| 1981 | 15 433 |
| 1982 | 13 208 |
| 1983 | 11 343 |
| 1984 | 40 974 |
| 1985 | 24 912 |
| 1986 | 26 178 |
| 1987 | 18 958 |
| 1988 | 39 832 |
| 1989 | 343 854 |
| 1990 | 349 358 |
| Insgesamt: | 1 309 263 |
| Gesamtzahl seit Kriegsende: | 4 728 305 |

# Personenregister

Abdi, Faik 141
Amin, Idi 91
Bernrath, Hans-Gottfried 160
Blumenwitz, Dieter 157
Buwitt, Dankward 55
Castro, Fidel 92
Cordes, Rudolf 118
Däubler-Gmelin, Herta 38, 57, 67
Diepgen, Eberhard 29, 35
Dittberner, Jürgen Erwin 23
Dregger, Alfred 29
Eibl-Eibesfeldt, Irenäus 65
Eschenburg, Theodor 162
Feddersen, Jens 165
Fuhr, Eckhard 160
Gaddafi, Muammar 86, 91
Geißler, Heiner 19, 29, 65, 66, 155
Gerster, Johannes 40, 160
Grass, Günter 33
Habermas, Jürgen 33
Hamadi, Abbas 118 f.
Hirsch, Burkhard 30, 56 f., 66, 67
Hitler, Adolf 141
Hussein, Saddam 91
Jens, Walter 33
Kemptner, Thomas 118
Kewenig, Wilhelm A. 54
Klose, Hans-Ulrich 39
Kohl, Helmut 38
Kostede, Norbert 33
Lafontaine, Oskar 37, 71
Lambsdorff, Otto Graf 30 f.
Landmann, Salcia 24
Laurien, Hanna-Renate 35
Lincoln, Abraham 18
Lummer, Heinrich 9 f., 29 f., 42, 160
Mischnick, Wolfgang 29
Nadschibullah, Mohammad 92
Pätzold, Erich 52, 54
Prantl, Heribert 166
Quaritsch, Helmut 16
Rushdie, Salman 117 f.
Schäuble, Wolfgang 40 f.
Schmidt, Alfred 118
Schönhuber, Franz 31
Seiters, Rudolf 109, 161
Späth, Lothar 19
Strübig, Heinrich 118
Stützle, Hans 86
Tandler, Gerold 27 f.
Teufel, Erwin 19, 40 f.
Verheugen, Günter 67
Vogel, Hans-Jochen 38
Weizsäcker, Richard von 170
Zitelmann, Rainer 34

Wolfgang Kowalsky

# Rechtsaußen

## ... und die verfehlten Strategien der deutschen Linken

Ullstein Buch 36601

Warum ist es bisher nicht gelungen, den Vormarsch des Rechtsextremismus in Deutschland und Europa aufzuhalten? Der Autor setzt sich mit den vorherrschenden Konzepten auseinander und legt eine kritische, alarmierende Bestandsaufnahme vor. Er thematisiert die immer wiederkehrenden Legenden, Mythen und Schein-Rezepte in der Auseinandersetzung mit rechten Extremisten und fordert dazu auf, neue Strategien zu entwickeln.

ULLSTEIN REPORT